离婚与再婚
——圣经怎么说?

《圣经》如何看待离婚及其结果

大卫·鲍森

ANCHOR RECORDINGS

版权所有 ©2021 大卫鲍森事工（David Pawson Ministry CIO）

本书作者已按《版权、设计与专利法案 1988》（Copyright, Designs and Patents Act, 1988）取得著作权并据以保护。

本书于 2021 年经由 Anchor 首次出版。Anchor 为大卫鲍森出版有限公司（David Pawson Publishing Ltd）的商业名称。

David Pawson Publishing Ltd
Synegis House, 21 Crockhamwell Road,
Woodley, Reading RG5 3LE

未经出版社事先书面同意，任何人不得以任何形式或方式通过电子或机械方式（包括影印、录制或任何信息储存和检索系统）复制或传播本书的任何部分。

如欲了解更多有关大卫鲍森的教导资料，包括 DVD 及 CD，可浏览以下网址：
www.davidpawson.com

欢迎到以下网址下载免费资料：
www.davidpawson.org

想查询更多有关资讯，请电邮至
info@davidpawsonministry.com

ISBN 978-1-913472-42-9

由 Ingram Spark 承印

目录

序言   1

1. **神所说的**   7
   - 创世（创世记2章）
   - 十诫（出埃及记20章）
2. **摩西所说的**   11
   - 支持（出埃及记21章）
   - 贞洁（申命记22章）
   - 离婚（申命记24章）
3. **先知所说的**   21
   - 何西阿书1-3章
   - 耶利米3章
   - 玛拉基2章
4. **文士所说的**   27
   - 夏迈
   - 希勒
   - 亚及巴
5. **耶稣所说的**   33
   - 解释（路加福音16章，马可福音10章）
   - 例外（马太福音5、19章）
   - 例子（约翰福音4、8章）
6. **保罗所说的**   75
   - 丧偶（罗马书7章）
   - 独身（哥林多前书7章）
   - 服事（提摩太前书3章）   95
7. **教会所说的**
   - 初期教会时代
   - 帝国时代
   - 中世纪时代
   - 改革时代
   - 现代

8. 我们应该说的   107
      不要遵循先例
      而是应用原则：
        罪、赦免、悔改、管教

结语   125
附录——耶稣是否有允许任何"例外"？   131

序言

有一次我乘搭火车前往伦敦。火车抵达了克拉珀姆交汇站（Clapham Junction），也就是乘客能上车的最后一站。一位男士走进我所乘坐的车厢，到了另一端坐下来。他花了几分钟的时间打量我之后便朝我走来，然后在我面前的位子坐下。我记得我们之间的对话是如此进行的：

"我好像认得你，你是位传道人吧？"

"是的，你在哪里见过我呢？"

"十五年前，有人带我到吉尔福德镇（Guildford，位于英国萨里郡）听一位传道人讲道，我记得那人好像是你。"

"那应该是了。你是一位基督徒吗？"

"是（停顿一会儿），我可以问你一个问题吗？"

"我不能保证一定能够给你答案，但是你尽管发问。"

"嗯，是这样的，我离开了我的妻子，现在和另一个女人住在一起。"

"你为什么离开你的妻子？"

"因为我遇见现在和我同居的女人，而且爱上了她。"

"所以，你想知道什么？"

"如果我正式和妻子离婚，然后和现在这个女人结婚，这在神眼中是不是可以解决问题？"

"不，我不认为这可以解决问题。"

"那要怎么做才可以呢？"

"离开这个女人然后回到你妻子身边。"

"我就知道你会这么说。"

"我相信如果你问耶稣这个问题，祂也会这么说。"

这个答案在我们中间产生了一阵沉默。此时，火车即将抵达滑铁卢（Waterloo）火车站，车速也渐渐放缓了。我意识自己和这男子只有仅仅一、两分钟的时间可以继续交谈。我想在他心里再度点燃敬畏耶和华的心，而这也是智慧的开端，所以我继续之前的对话：

"你要做出一个艰难的选择。"

"那么，我该怎么做？"

"你可以选择在这一生中与这女人相守，或选择在永恒中永远与耶稣在一起，但是鱼与熊掌，不可兼得。"

他的眼眶顿时充满了泪水，没有做出任何回应就离开了车厢，上了月台并消失在人群中。我似乎可以体会耶稣看到富有的少年官转头离去时的心情。我祷告这位弟兄永远不会忘记我所说的，直到他悔改为止。

我所说的是正确的吗？我是在告诉他真相还是在说谎吓唬他？他真正想要的是一个保证，保证他所犯的罪不会影响他的救恩。这是我没有办法给他的。

序言

类似的事件在一、两个月前也发生过。这次，我不是跟一个人说话，而是跟上千人说话。当时我受邀成为在迈恩黑德（Minehead）Spring Harvest 装备特会的晚间主讲人之一，并且受托教导使徒保罗写给腓立比教会的书信。当我教到 3 章 11 节的时候（"或者我也得以从死里复活"），我清楚地指出保罗本身并没有将未来的救恩视为理所当然的，而是担忧自己反而被"弃绝"了（哥林多前书 9 章 27 节）。我引用圣经新约不同的经文来支持我的论点。我也提到有些人自以为已经得到天堂的入门票，非但没有认真对待与神之间的关系，甚至还继续耍把戏。这些包括那些为了别人而离开婚姻配偶的基督徒，不论他们是与第三者同居或正式申请离婚后再婚。他们当中好些人还继续到教会，宣称神祝福他们新的关系并且到最后还会进入天堂。但是，不论是信徒或非信徒所犯的，罪就是罪。神不偏待任何人。我们虽是因信称义，但却是因行为被审判。

这几句简短的话差点引起骚动！我结束教导之后，台上其中一位带领人就跳了起来，不断重复地喊着："谁都不能叫我们与神的爱隔绝；这爱是在我们的主基督耶稣里的"，然后请乐手带领会众唱出包含这句经文的诗歌。

之后，一位主要的活动赞助人带领会众为我和我"可怜的妻子"祷告，"因为大卫的教导不是每次都是对的"。罗杰·弗斯特（Roger Forster）的介入平息了整个混乱的场面，他拿起麦克风并提醒会众要思想整篇信息，而不是把焦点放在信使上。他呼吁大家要回应神。当下的反应非常热烈，并由七位泪流满面的弟兄带领众人回应神。面对这个情况，辅导团队的人手不足，没有办法应付，而特会负责人在活动之后告诉我，他们从未在辅导室里看见如此真实的悔改。

这段教导的录音带起初被禁止发行，但是主办单位在多人抗议之后妥协。他们在录音带中置入一个"说明性注释"：因为时间有限，所以讲员无法做出更具体的说明。然而，这是不正确的。

这个事件结束我在Spring Harvest的服事。我在教导中提出"一次得救，永远得救？"这个具争议性的问题，同时也指控那些为了第三者而离弃配偶的基督徒是活在罪中的。这两个双重打击对会众而言是不堪负荷的。这些经验激发我撰写两本关于信念与行为的书，因为这两者对我们而言是至关重要的。

第一本是《一次得救，永远得救？》（Once Saved, Always Saved? 暂译），由霍德和斯托顿出版社（Hodder and Stoughton）于1996年出版（这篇《序言》是摘自这本书，并征得出版社同意之后刊登在此）。第二本就是本书，是中间隔了十五年之后才出版的。这一本比较难写，因此延迟了一些时间。在大西洋两侧的国家中，已经有不少作者出版类似题材的书籍，我已经阅读其中大部分，联络它们的作者并且与其他人进行具有启发性的交流。但是，延迟出版的原因不是因为这些考究活动，

序言

而是我要确定自己的信念。毫无疑问的,尽管本书中的内容纯属本人的见解,但这些却不是最终的看法。我希望本书能帮助读者做出属于各人的结论。

最后一个评语。凡对这个课题表达保留意见的人都曾遭他人指责:在最坏的情况中被称为严厉和残忍;在最好的情况中被称为不灵活和冷漠。如果表达意见的人的婚姻平顺,别人就认为他们无法体谅婚姻失败所带来的痛苦。很遗憾的,我可以向读者保证,越来越多家庭经历亲戚朋友婚姻破裂的伤痛,甚至痛苦,而我们的家庭是其中之一。写这本书只会增加感情方面的代价,但是我对教会中道德的沦亡有着一份担忧,而这担忧凌驾于这方面所需付出的代价。

第一章
神所说的

性爱是神的主意,因此是个"好"主意。同时,这是个具有能力的主意,也是个可以影响人际关系的重要因素。

因此,从创世纪到启示录,圣经有多处经文提到人类使用和滥用这个肉体和情感的力量,这是不足为奇的。神的一切恩赐可以帮助我们和他人,反之亦然。若神在这方面没有指示我们如何使用它们,这才令人惊讶呢。本章的用意就是去探索这些指示。

我们从圣经的第一本书开始这次探索的旅程。这本书描述神如何创造外太空、地球和宇宙万物。在整个过程中,有一点是很显著的,那就是神从天上宝座所赐予的十条诫命(十次记载着"神说……"),然后再由神的灵在地上执行。

尽管大部分的植物和动物在之前是雌雄同体,并且有生殖能力,但是神将人类分为两个独立的性别的主要目的,就是让他们各自拥有属于祂独特的形象特征,即便分开为男性和女性,两人却又在性爱中结为一体。

我们需要花一点时间来了解创世记载的发布时期和

方式。整个创世的记载有其独特的诗性特征和数学字符（见《圣经概览》第二章；《Unlocking the Bible》暂译；2003年由HarperCollins出版），但是在摩西时代之前，这个记载似乎是旷古未闻的。举个例子，亚当和亚伯拉罕都没有遵守安息日。既然无人在创世起初见证整个过程，那么这个记载应该是在之后通过神的启示传递给人类的，并且圣经似乎暗示摩西就是接受者。

整个叙述风格在第2章第4节之后就改变了，从原本是历史和地理的介绍转为追忆的叙述，而人类的脑部功能在发明写字前更有效率。神的视觉角度转为人的角度。尽管两性的创造是以神的角度被记载，但是这方面的指示却是透过人的角度记录下来（创世纪2章24-25节）。

这些指示的上下文是描述夏娃如何被造以成为亚当的得力助手。夏娃的外形不但像亚当，她也是由他而来，为他而造的。

这三点和亚当为她命名所持有的权柄都记录在圣经新约中。在这之后就提到他们两人关系的含义，为人类以后的婚姻做出定义。

婚姻是**一男一女**之间的关系。

婚姻是**一夫一妻**之间的关系。一夫多妻制从来都不是神的心意。

婚姻是**永久常在**的关系。若不是亚当和夏娃违背主命，因为犯罪而使死亡进入世界，他们之间的夫妻关系将会是永远的，是"至死不渝"的。两人结合需要永久"离

第一章 神所说的

开"自身家庭（指的是亚当的后裔，）然后与配偶"联合"。"联合"的意思就是用胶水粘住；说得直接一点，夫妻之间就是被牢牢地"粘"在一起。

婚姻是个结合起来的关系。"二人成为一体"的意思不仅仅是两个人在身体上的结合，而是夫妻成为一个实体。比起肉体上的结合，这一辈子的联结包含更深层的奥秘。

创世纪2章24-25节这两句经节对其他经文而言是有关键作用的。我们从圣经中看到耶稣和保罗在性方面的教导都逐字引述这两句经节作为主要教材。

我们还需注意一点，我们不可误以为这两句经节是神的"完美理想"，似乎暗示这是一个崇高理想而不是能够达成的标准。"意向"是一个更合适的词汇，表示这是为众人列下的模式。

我们同时也把所谓的"十诫"列入本章作为参考。之前，我们已经暗示神或许可能同时向摩西颁布这十条诫命并向他启示创世的故事。此外，这"十诫"更是神亲手所写下的（出埃及记31章18节；参约翰福音8章6节）。这是"神的十句指示"和摩西律法的区别之一（见第二章）。这十条诫命都有一个共同点，那就是"尊重"：尊重神的独特性、圣名和安息日；尊重父母及他人的生命、婚姻、财产和名誉。第十条对付的是内在的动机过于外在的行为。

本书比较关心的是第七条：婚姻是神圣不可侵犯

的。性行为只能与配偶进行。这里并没有直接提及婚前滥交；别处的经文有特别处理这个问题。这句经文清楚指明在婚姻以外的"胡搞行为"是悖逆创造者和以色列救赎主的根本行为（第二节）。这也带出一个相关问题：神是不是原本就有意思扩大这些基本律法的应用范围，而不仅仅局限于祂从埃及拯救出来的以色列子民及所建立的国家。

旧约的约内子民被称为以色列，而新约的约内子民则是教会。为了使这两者建立在一致性的基础上，普遍的假设是神的基本律法都适用于他们身上。这些律法被编入教义问答中，也成为教会内部设计来强调基督教的道德准则。当然，它们大部分在新约中都有间接被提及。

唯一的例外似乎是第四条，也就是遵守安息日（例如罗马书14章5-8节；歌罗西书2章16-17节）。然而，第七条在圣经新约中的记载是清楚可见的。

许多人认为这些基础律法应该成为所有公民立法的基础。阿尔弗雷德（King Alfred）以"十诫"作为英国律法的基础，最终影响了西方社会的"犹太—基督教"文化，将杀人、奸淫、偷盗和做假见证列为刑事罪，同时也视它们为罪恶。要相同对待第十条就没那么容易了。

无论如何，有一点是非常清楚的：创造性行为的神在其应用范围方面设下了简单却严厉的限制。总的来说，那就是在婚姻以外绝对的贞洁，在婚姻以内绝对的忠诚。

第二章
摩西所说的

在本章将摩西律法与"十诫"分开讨论似乎有点奇怪,毕竟"十诫"与他之间也有关联,但是这两者其实有明显的区别,而分为两章进行讨论是引人注意的方式之一。

我们之前已经指出"十诫"是神在西奈山上亲手所写的,而另外六百零三条是摩西后来在山脚下和前往应许之迦南地的旅途中写的。我们可以说神将这十诫给了摩西,而其余的是透过摩西一并给予以色列人的。

尽管摩西有介绍新的律法内容,他的主要关心是放在十诫的诠释及应用,特别是最后的六条。然而,最大的区别在于表达律法的风格:十诫是以"直接、绝对"(apodeictic)的语气表达,当中没有任何案例作为考究,而其他的律法则是使用"视乎、决疑"(casuistic)的表达方式,当中清楚列出不同的情况。换句话说,从"绝对明确"的指示如"不可……"转换成"根据情况"的吩咐如"如果你这么做,那么……"。这两者之间有个转变,从绝对禁止的法令变为相对的法规并将情况纳入考虑,而这样的方式需要加入大量的细节。

还有一点需要注意，那就是律法或犹太人称为"摩西五经"的整体性。这本律法书所涵盖的范围包括了生命的全部：饮食、衣着、婚姻、战争等等。此外，在生活层面上，律法书并没有区分何谓"神圣"，何谓"世俗"。关乎礼仪、社会和道德的法律融为一体，成为一个法律系统，因此凡犯了一条律法的，就是犯了众条（申命记 27 章 26 节；参马太福音 5 章 19 节，加拉太书 3 章 10 节，雅各书 2 章 10 节）。西方思想的处理方式是将它们归类并且给予不同的对待。

很显然十诫是针对个人而颁布的，例如"不可……，不可……"，而摩西律法则是针对全体以色列人所作出的指示，时时关乎人民的社群的生命，也赋予整个社群一个责任，那就是对犯法之人予以惩戒。其中的目的非常明确，就是要将一个圣洁、健康、因而快乐的社会呈现给这个无法达成相同目标的世界。不同的情况有相应的制裁措施，唯一没有提及的惩处方式就是监禁。

有了这些初步的观察，让我们现在来看看离婚和再婚的辩论中经常被提及的三段经文。与其将整段经文重现在本章中占有不必要的空间，读者们可先翻开圣经阅读经文之后才细读这里所写的评语解说。

出埃及记 21 章 7-11 节（读）

这段经文的上下文是关于女性奴隶的，就是有人将女儿卖为奴婢。买主若娶她为妻，就算在之后对她不满意也无权将她卖到公开市场，以免被外邦人买去（约瑟就是个例子），但是她可以被同胞出价"赎身"。第二个情况就是成为买主的媳妇并获得女儿全部的权益。第三的情况就是买主娶她之后再另娶（摩西并没有禁止重婚）。在这个情况中，丈夫仍然需要照常为她供给饭食和衣服，并且要履行同房的义务，若不然，她可以随时离开，并且无需缴付任何赎金。

近期有个关于离婚的基督徒论述就提到了这段经文的最后一点，它的论点是：如果丈夫没有满足饭食、衣服和性方面的需要，身为奴婢的妻子都可以随时离开，那么任何人的妻子，包括基督徒的，也可以作出同样的要求。倘若这是合理的推论，那么有效的"特殊例外"将从原本耶稣所提供的一个顿时增加无数个。换句话说，配偶的忽视可以让人从婚姻中得到释放，并且进入下一段婚姻。

申命记 22 章 13-30 节（读）

这段经文主要是讲述关于婚前滥交的情况，尽管有关离婚的辩论不常引述这段经文，但是我们将（在第五章中）看到其中的关联。

在以色列的文化中，新郎期待他的妻子是个处女，但是没料到竟然"买了二手货"。新郎发现被"欺骗"的后果是非常严重的，因为那女子将会被石头砸死。但是如此"严厉的公义"需要小心地执行，以免被滥用。

为了要脱离一段令人后悔的婚姻，诬赖他人可能会成为快速脱逃的借口。新娘的父亲肩负保护女儿的名誉和生命的责任。他需要将情况呈报执法单位，并提供女儿贞洁的凭据（因处女膜破裂而染血的床单）。撒谎的新郎必须缴付大笔的赔偿金给岳父，同时终身不可休妻。他原本可以以"嫌弃"为由而休妻（见下一段：申命记第24章），但是在这个情况中，他永远无法这么做。

本段经文处理的下一个案例是犯奸淫，就是一个男人与他人的妻子发生性行为。奸情被发现后，两人都必须被处死。"无辜"的丈夫没有饶恕他们的必要（比较约翰福音8章3-4节）。

接下来的情况提供读者进一步了解犹太文化的重要资讯。要注意的是，"已经许配他人的处女"已被视为"那人的妻子"，因此任何人与她发生性行为都构成奸淫罪。相比较之下，当时的犹太人比现代人更慎重对待订婚事宜，而在圆房前结束关系就如同"离婚"一样（参考约瑟和马利亚的例子；马太福音1章18-19节）。这种情况也被视为"奸淫"，男女双方都必须被处死。当然，女方是否是自愿或被迫进行性行为是个关键的因素。倘若事情发生在拥挤、容易听到求救声的城中，而女方却没有高声呼救，人们会假设她是自愿配合的，必须将男女两人处死。若是发生在野外求助无门的地方，人们会将疑点利益归给女方，认为她是被强奸的，因此只处死男方。

还未订婚的女子与他人发生婚前性行为并不会构成

死罪，但是，若两人的关系曝光了，他们就得结婚，而男方需要付一大笔钱给新娘的父亲。

这段经文的结束提到"血亲"之间（consanguinity）的婚姻是被禁止的，也就是男人和父亲的妻子之间（父亲的妻子不一定是他的亲生母亲；见哥林多前书5章1节）。

以上要注意的有主要几点：大部分的婚前性行为将被判死刑，若其中一方已有婚约，那就构成奸淫罪。

申命记24章1-4节（读）

这段经文与上一段所研读的经文不同，是经常在辩论中被提及的。主要的原因是这段经文是摩西律法中直接提到离婚和再婚的。

这里有重要的一点需要注意，那就是这段经文**所没有提及**的。它既没有命令也没有禁止离婚，它不过是接受男人会休妻另娶的事实。这里倒是有提到普遍离婚的方式，就是给妻子一封休书（这里没有交代休书上是否会列出离婚的理由，然而，手上这份凭证可以让女方自由再婚），然后打发她离开夫家。这就是所需要办理的手续。要注意的是，这段经文也提到女方之后嫁给第二任丈夫，然后他再度以相同的方式休了她。

这里唯一禁止的是女方不可与前夫再婚。换句话说，她不可以与他破镜重圆，而是要嫁给其他人。与前夫再婚是耶和华所憎恶的，并会以某种方式玷污整个国家（我们可以揣测个中的理由，但到最后还是只能相信神的话）。

这段经文的内容就仅此而已！令人惊讶的是人们在讨论这段经文的应用时认定这里提供可以构成离婚的理由。第24章的重点并不是离婚，或许摩西本来就没有这个打算。这里也没有任何暗示指出摩西仅允许以上所提的情况成为离婚的理由。

这段经文列出第一次离婚的理由。这句话含糊不清，不太容易解释清楚。其中的弦外之音令人不快——不雅、不洁、裸体，也可能是指丈夫在婚后才能看得见的瑕疵或畸形部位。但是真正的理由没有人知道，而且也不重要。唯一肯定的是这里没有提到奸淫罪，因为这罪的惩处是死刑，不是离婚。让人觉得整个讨论变为多余是因为第二次离婚的例子也被接纳，其中的理由只不过是丈夫"嫌弃"妻子，然而真正原因不详。

我们原可以在此做个总结，但是后来的犹太文士却不满足于这么做。正如我们将要看到的（在第四章中），他们偏离原文的意图，利用这段经文作为支持离婚的正当理由，甚至还与耶稣进行辩论。基督徒也如法炮制，特别是那些认为这些律法不但适用于以色列，同时也适用于教会。我们会在本章结束之前审视这个假设。与此同时，我们可以为本节做出总结：摩西禁止离婚后再婚的唯一情况就是与前夫破镜重圆。

值得注意的是，这里没有提及妻子与丈夫离婚。这个可能性并不存在。

＊＊＊＊＊

第二章 摩西所说的

在总结时,我们需要提出两个一般性问题。第一,控管这种社会行为的重要性。第二,这些"旧约"的条规对"新约"子民有多大的约束力。

在任何社会中,社会弊病或简单而有害的做法都需要加以控管,主要目的就是限制它们的影响力。但是透过法律规定来约束它们并不代表它们是合法的。举个例子,让妓院或赌场持有经营执照丝毫不代表这两者具有任何社会效益。这不过是控管,甚至限制这类恶习的方式之一。这个方式承认人性的堕落,无论立法与否,人们还是会做这些事情。这是两害取其轻的做法,有一些社会层面的控管总比没有还好。许多专业的运动人士也是利用这样的论点来推进并支持堕胎运动,但是这方面的立法有其风险,就是会让人天真以为:"合法就是对的"。

这样的社会法例必然涉及道德方面的妥协,但是接受不意味着批准。摩西"接受"一些事情为当时的社会结构的一部分,例如奴役和一夫多妻制度,因此他颁布法令来控管这方面的影响,但是这并不意味着神也赞成。摩西处理离婚的方式尤其如此。我们将在本书中看到耶稣如何在神的原意和摩西因人性软弱而妥协之间划清界线(马可福音10章5节)。我们必须谨慎地选择同样的立场。

以上的答案帮引入另一个问题:基督徒要如何应用摩西律法?它们对耶稣的门徒而言有多大的约束力?这个问题的答案不一,有人认为要全部遵守,有人则认为毫无相关，这完全取决于以色列和教会之间的关系是否有连续性或者已经完全间断了。在这个背后是一个基本问题，那就是"旧"约和"新"约之间的关系如何。

圣经前后部分的名称包含错误的答案，由于英文的"testament"和"covenant"能互换使用，同时华文的翻译皆为"约"，因此这似乎提议圣经中只有两个约，但其实不然。圣经中至少有五个主要的约：挪亚之约、亚伯拉罕之约、摩西之约、大卫之约和弥赛亚之约。这五个约在圣经的旧约和新约部分都被提及，只有一个被称为"旧约"（摩西之约），并且它已经被唯一的"新约"（弥赛亚之约）所取代了。

这是为什么新约圣经视西奈山上设立的摩西之约为暂时（加拉太书3章17-25节）和过时的（希伯来书8章7-13节）。逻辑上而言，这表示摩西律法已经过了保质期限，不予使用，但是基督徒的思想不是每次都符合逻辑的。

尽管许多基督徒慎重对待十诫，将它们编入教义问答和圣餐掰饼仪式中，或刻在教会建筑的墙壁上，但是他们却很少关注摩西在那之后所颁布的六百多条章程细则。

更少人会主张回归摩西所倡导的惩罚制度。至少有十几条罪是应该处以死刑的，包括一个儿子的叛逆态度。身体上所受的重伤是要给予确切、身体上的惩罚（出埃及记21章24节提到以眼还眼、以牙还牙、以手还手、以脚还脚、以烙还烙、以伤还伤、以打还打等等。）如果

第二章 摩西所说的

两个男人打架，其中一人的妻子为了要帮助丈夫而伸手抓住对方的下体，她的手将被砍掉。

许多摩西律法的要求完全被忽视，包括穿戴非混合材料的衣服并给予士兵十二个月的蜜月假期。要记得的是，摩西要求所有人每时每刻都遵守律法，尽管以色列人做出此承诺（出埃及记19章8节），但是要任何人做出这般承诺还是令人觉得惊奇的。就算如此，新约圣经并没有任何与摩西律法有关的誓言。事实上，使徒保罗坚决反对让非犹太人的基督徒进行割礼，因为这会使他们必须遵守全部的法律（加拉太书5章3节）。他辩称基督徒和基督被钉死在十架后一样，"向着律法也是死了"（罗马书7章1-6节；稍后再看此经文）。

因此，基督徒以筛选式的方式应用"律法"并只举例引用部分要求，这种举动看似不一致，甚至给人一种虚伪的感觉，尤其是为了某个观点而建立圣经立场来达成目标，例如推翻同性恋活动。通过旧约圣经建立最稳固立场的方式就是指出神在以色列人当中反对这种行为；但是新约圣经当中有充分证据显示这方面有更广泛的应用。这就是个测试。任何耶稣和使徒所奉行的摩西律法都仍然适用，它们成为"耶稣律法"的一部分。

至于基督徒针对离婚课题所做出的讨论，当中唯一与摩西律法有关的就是它突显法利赛人强迫耶稣透露立场时所处的犹太背景。基督徒"不在（那个）律法以下"。

第三章
先知所说的

以色列的身份是一位妻子，而神（耶和华）是她的丈夫。这是先知们话中的基本见解。他们将神在西奈山上与新生国家以色列所立的约视为一个婚礼，而两方都做出了誓言。以西结书 16 章 1-14 节用比喻性的方式生动地描述了神与以色列之间的关系，包括以色列人立国和神如何追求祂子民的整个过程。犹太人视雅歌为描述他们与全能神之间亲属关系的比喻，甚至认为它是一则寓言。

当以色列"追求"其他神明，触犯了十诫的第一条诫命时，神的发言人似乎早已有先见之明。圣经将她描述为不忠的妻子，甚至是"妓女"，最严重的词汇则是"淫妇"（以西结书 16 章 15-34 节描述一个震撼心灵的控诉）。这对神与以色列人之间的婚姻造成什么影响，对人类婚姻又意味着什么？让我们来看三位先知和他们的信息。

何西阿书 1-3 章

很多时候，先知的呼召包括藉由他们的生命和口中的信息来展示"主的话语"。耶利米需要保持单身生活并且英年早逝。以西结的妻子比他早逝,但是他却不能为她哀悼。

何西阿的经历可算是最坎坷的。他需要娶一位道德和名誉不佳的女子为妻,然后成为三个孩子的父亲,但是当中有几个孩子却不是他亲生的。结婚后,他的妻子不但会离开他,也会回到原来的地方重操旧业,但是他却不能任由她恣意妄为,反而得去寻找她,救她脱离皮条客之手,然后带她回家,管教她,之后再恢复夫妻关系。何西阿需经历这一切后才能处于令人信服的位置来分享神对祂子民的感受。

何西阿是最后一位被差遣至北部十个支派"以色列"的先知。这十个支派脱离住在南部的"犹大"后惨遭亚述侵略并被俘虏。何西阿的服事期在阿摩司之后,而阿摩司的信息主要是正义和审判。值得注意的是,何西阿最后呼吁人们悔改的信息专注于他的怜悯。这是一个因为单相思而发出的**由衷呼喊**(cri de coeur,何西阿书 11 章 1 节),但是以色列人却置若罔闻。

尽管如此,何西阿的个人经历却表明恢复有望。那"来自天堂的追逐"必定会持续不断地发生在以色列人身上,他们与神之间的婚姻可以,也必定将被修复。神是圣洁的,因此以色列人被呼召为圣洁。这表示神的子民面对配偶不忠的情况时,仍然要持续敞开和解的门。

第三章　先知所说的

耶利米书 3 章 1-10 节

乍看之下，这位先知和何西阿的信息似乎是截然相反的。此时，北部"以色列"十个支派已经被掳，而主说祂已经给他们一封休书并打发他们离开。听起来，他们与神之间的婚姻好像已经完全瓦解了。

不管你相信与否，基督徒以这个事件作为支持自己离婚的合理理由："神能如此，我们也能如此"。我们在妄下结论之前需要仔细阅读这段经文和它的上下文。

这段经文的重点放在南部剩余的两个支派上，也就是犹大和便雅悯（因为犹大支派人数较多，因此他们被统称为犹大，也是"犹太人"一词的出处）。犹大亲眼看到姐姐"以色列"因"淫"行而被放逐的下场，她们不但和以色列一样悖逆，甚至更甚。她们同样不惧怕神的审判和相同的命运，那就是离婚。

细看上下文就会发现这个比较不能被成立，它并不相等于人类婚姻的破裂。这段经文开始的经节提到申命记 24 章的摩西律法，也是我们之前已经查看的：一个女人若离婚后再嫁，并且在与后夫离婚后与前夫破镜重圆，这会玷污整个地。（我们可以揣测个中的理由，但到最后还是只能相信神的话）。从人的角度来说，既然以色列和犹大这两姐妹都背叛了与神之间的"约内"关系，神与她们破镜重圆将是非常严重的错误。

但是，神终究是神，祂的行为可以超越为人类所设的法律。若她们"回头"，也就是回应何西阿口中和透过生命所展示的呼吁，神必会重新接纳她们。神甚至说祂"以为"她会回心转意，但是她却没有（第7节；我们不会讨论此评语在神的先见中所有的含义。）

随之的经文部分（3章11节至4章1节）透过神的呼吁"回来吧"提供充分的证明，显示祂希望犹大会回心转意并能及时悔改，但是她与姐姐一样顽固和叛逆，因此也被"遣送"至巴比伦。

故事到此结束。这似乎与关于其他离婚案件一样，神子民以色列的历史就到此结束了。可是，事实并非如此。神是神，祂行事往往出人意表。耶利米在结束服事之前承诺主必会把他们从流亡中带回来。"耶和华说：我知道我向你们所怀的意念是赐平安的意念，不是降灾祸的意念，要叫你们末后有指望"（29章11节）。尽管神将犹太人从属于他们的土地中驱逐出去，但是祂从来没有弃绝他们（罗马书11章1节）。就算他们违背对神的婚姻誓言，神永远不会这么做（利未记26章44节；耶利米书30章11节；以西结书16章60节和其他众多经文参考）。神的休书是暂时的，祂将与以色列和犹大另立"新"约（31章31节）。

玛拉基书2章13-16节

到了这个时候，一部分的以色列子民已经结束在巴比伦的流亡并回到他们的土地上。由于他们在巴比伦度过了大半辈子，因此许多人都不愿意舍弃社会和经济方

第三章 先知所说的

面的安逸生活回去面对遭毁灭的首都耶路撒冷和重建国家的严峻考验。他们的领袖以斯拉和尼希米也担心道德及属灵方面的恢复。他们有许多方面未能达到神的标准，特别是与异族通婚的人越来越多，而这是摩西律法中明确禁止的。以斯拉抱愧蒙羞向神认罪（读以斯拉记第9章），而尼希米的处理方式比较激进（读尼希米记第13章），他拔下男人的头发并要求以色列人停止这种做法，但是他们并没有。

玛拉基是神所差遣的最后一位先知，而施洗约翰的出现则是在数百年后。这时的以色列不但没有恢复到大卫王时代的属灵巅峰，反而陷入更严重的堕落。懒散的信念和行为习惯正在削弱国家的信仰、道德和普遍的繁荣。玛拉基严责一些祭司和百姓的散漫行为，包括献上瘸腿和有病的祭物，以及没有献上神当纳的十分之一。在其他的罪状当中有两条是关于婚姻的。

正如之前所提到的，与非犹太人通婚仍然持续在发生。玛拉基的举措比尼希米的"剥头皮"方式更严厉，那就是把犯罪的男人从犹太人中剪除（2章12节）。

与此同时，有另一件恶事正在迅速串起，企图破坏家庭生活，那就是急速增长的离婚案件。当年轻情侣决定透过婚姻做出彼此委身的承诺时，神就是婚礼的见证人。神称这个承诺为"约"，就如同祂亲自与以色列立约一样。那些娶外邦女子的男人被视为"背弃"神与列祖所立的约（2章10-11节），那些休了"幼年所娶的妻"的男人（显然他们已经对妻子感到厌倦）也是"背弃"与妻子所立的约。这种行为是背信弃义，是一种背叛。

显著的是，玛拉基的呼吁越过摩西律法与后来的耶稣一样，直接提到神所设立婚姻的原意和行为（创世记2章24节）。要注意的是他也提到神通过"有灵的余力"将夫妻两人合二为一，不但在肉体上，也在"灵里"。人类之间的性行为不仅仅是肉体上的联合。要避免婚姻破裂，就需要守护我们的心和灵里面的契合。

主说"我憎恨休妻"。这是神在旧约中针对离婚课题的最后一句话。这是非常强烈的声明，是情感和理性上所表达的一份憎恶。离婚的行为完全违背守约之神的意思。紧接着这句经文是神对"以暴虐待"的恨恶，可能是指离婚前在身体和心理上的暴力虐待。最后，神警惕我们要守护自己的心，以免做出背约之事。

最后，要注意神是非常关心陷入如此情况的孩童们。若父母离婚，他们比较不容易成为"敬虔"的人。

第四章
文士所说的

要发现圣经旧约和新约之间的空白页原来代表数百年的时间并不是一件容易的事。虽然在这期间有许多犹太人撰写的书籍，但是当中明显地缺少一句在犹太人经文中出现将近四千次的话："耶和华说"（英文"LORD"代表"耶和华"，希伯来文对神的称呼）。这些犹太书被编入一些圣经版本，尤其是罗马天主教版本的"次经"（Apocrypha），这字的意思是"隐藏的"。

在这数百年期间，神的子民没有新的启示和看见，也"没有异象"（箴言29章18节）。他们被迫思想神之前已经说过的话。这些记载和书卷是在公元前100年时被集成为经文的"正典"（意为：规则，量尺）。

这时，在以色列中兴起了一群人手抄这些记载和书卷供百姓使用因，他们被称为"文士"。此外，他们也开始为这些书卷提供"解读"，指导他人这些经文的意思和应用在生活中的方式。这就是"拉比犹太教"的开始，比起文字本身，人们给予内容的论述和应用方式更多的关注和权威性，特别是编入这些论述和应用的犹太教法典《米示拿》（Mishnah）和《塔木德》（又译《他勒目》，

Talmud)。尽管圣经前五本书被称为《律法》或《摩西五经》,但是那些在犹太神学院(yeshiva)接受培训的拉比所研读的其实是"传统惯例"。

不可避免的,每个人的意见相左。不同的拉比"学派"发展出不同的教义、道德观、信念和行为。有些在观点方面比较保守,有些则比较开放自由。学派的名称通常取自学派中比较著名的学者名字。这些学派的意见藉由当地的拉比传递给普通老百姓,尤其当这些观点影响着人民的日常生活时,它们都会经过一番热烈的辩论。表面上这好像是在讨论摩西"律法",但实际上是在辩论"长老所传递的传统"(下一章将提到耶稣并没有挑战"你所读的",而是"你所听说的")。

离婚与随之的再婚是公开辩论的课题中备受瞩目的一个。离婚和再婚在希腊和罗马社会中是非常普遍的,在犹太社群中也逐渐变为寻常,特别是在比较敬虔的宗教团体中,例如法利赛人。他们最感兴趣是辩论这个课题的合理原因。

这些辩论的主要参与者通常取得共识,他们普遍赞成离婚是被允许的,并且双方皆有各自再嫁娶的自由。通常他们认为离婚是丈夫的权益,而非妻子的;无论何时何地,他可以不必向公共法庭申请就可以离婚,但是女方不行。

这里还需注意另一个趋势。离婚取代了犯奸淫罪的死刑,可能是因为死刑是罗马统治者的专属权利(将约翰福音8章5节和使徒行传7章58节这两段经文与约翰福音18章31节进行比较）。就算如此。离婚是必须的。不忠的妻子将被休掉，没有被饶恕的可能。

到目前为止，各方皆有共识，甚至赞成离婚是需要充分理由的。至于何谓充分的理由，各方就没有共识了，而这也成为辩论的重点。这个课题的焦点落在两位主要的学者身上，而他们都辩称自己对申命记24章中的摩西律法有着正确的理解和应用。

夏迈（Shammai）

这位学者的看法比较严谨，认为摩西会允许离婚的唯一理由就是妻子不忠。这类"失德"的行为允许丈夫给她一封休书。没有任何其他的事物有足够的严重性以构成离婚的理由。毫无疑问的，他的看法并不受到普遍的欢迎。

可是就如我们之前所探讨的，奸淫不可能是申命记中所允许的理由，因为这是施以石刑的死罪。这当然会给予丈夫再婚的自由，就如离婚一样。

就算如此，奸淫是离婚的合理原因这个论点根本不符合摩西或律法中的指示。这不过是人"自己的遗传"（马可福音7章7-8节）。

希勒（Hillel）

这位拉比的看法比较宽松，扩大离婚的合理范围来包括许多现代人会认为是琐细的事，例如把食物煮焦、与别的男人调情，和在大庭广众下提高声量等等。换句话说，令丈夫厌恶的事物都可以成为离婚的理由。很显然的，希勒的立场深受作丈夫而非作妻子的欢迎。

希勒的观点被称为"什么缘故都可行"（for any cause）的态度，因为作丈夫的可以随便挑妻子的毛病。当耶稣被问及"人无论什么缘故都可以休妻吗？"（马太福音19章3节），提问的人其实想要知道祂是否支持希勒的立场。

希勒和夏迈与耶稣是同时代的人，这表示祂可能被卷入这个课题的辩论中，而这的确发生了。耶稣结束在地上的事工之后，有另一位拉比更进一步地推进自由学派的立场。他就是：

亚及巴（Akiba 或 Aqibah）

他的结论是离婚根本不需要任何理由。作丈夫的可以随意休掉妻子，这是他身为一家之主的权利。就算他对配偶感到厌倦或喜欢上其他人也不关他人的事。他无需向任何人交代便可以随心所欲。仅仅投一张票就一致通过！

在这里提及亚及巴的立场是因为同样的情况也出现在其他社会中，那就是从严苛的限制变为宽松的标准，然后再取消它。英国针对离婚所立的法令就随着这个模式越来越宽松。这是一条向下滑的道路。

第四章 文士所说的

是时候从旧约圣经转至新约了。既然新约是针对基督徒的,我们对相关的经文将做出更详尽的探讨。

第五章
耶稣所说的

这是本书中内容最长也是最费时的一章。这不单单是因为耶稣在圣经中针对这个课题做出最多的教导,更重要的是因为耶稣是基督徒最高权威。那自称是唯一道路,唯一真理和唯一生命的耶稣配得我们绝对的信任和顺服。可是,现代基督教中似乎存在着两个异常现象("anomalies";基本意思就是"不法的"),一个是比较概括的,另一个是比较具体的,无论是哪一个都淡化了我们应该给予神的回应。

这个概括性的现象关乎传福音。耶稣吩咐我们"去使万民作我的门徒"(马太福音 28:19)。对祂对而言,"门徒"(指的是学生或徒弟)是指那些已经"受洗"(完全进入水中)并活出耶稣一切教导的人。

只有少数传福音的人有做到其中一点。新约圣经中以"门徒"来描述耶稣的跟从者,但是这一词已经被不再受欢迎,反而被"基督徒"一词所取代。后者原是非信徒给予信徒的称呼(使徒行传 11 章 26 节;26 章 28 节),但在后来被信徒采纳使用(彼得前书 4 章 16 节)。可惜的是,"基督徒"失去了学习和门训的含义。取得信徒的决定代替了栽培门徒。三十分钟的"悔改祷告"取代了受水洗。

整个传福音的焦点放在基督徒"道路"的开始而非将其视为一个持续的行程。活出基督和被改变的方式生活几乎很少被提及。这是否是因为我们已经不再强调悔改呢？悔改的意思是转离所有不敬虔的行为。福音书先呼吁人们悔改然后相信。施洗约翰要求看到悔改的"果子"（路加福音3章8节）而使徒保罗期望看到"证据"（使徒行传26章20节，这两人都要看到实际的结果。现今有个奇怪的倒转现象：先带领人信耶稣得赦免后才悔改。若没悔改，罪能得赦免吗？女人的生产过程其实包括剪掉之前腹中婴孩在黑暗中与母亲连接的脐带，而这就代表悔改。现在成为基督徒的过程有一个浪漫的版本，那就是"爱上耶稣"。那些接纳这个天真看法的人需要被提醒耶稣所说过的话："你们若爱我，就必遵守我的命令"（约翰14章15节）。以丰富情感行事好像很容易，要依据圣经就似乎比较困难。

福音派基督徒有一个更细微的神学理由来削弱悔改之行为的重要性。为了要保存"因恩典得救"的真理，他们对任何是人为的"行为"产生了过度反应症。有人甚至说悔改和信心是神在我们里面的工作，不是人自己需要或能够做到的。但是神确确实实命令我们做这两样。信靠加上顺服就是信心。

因此，基于不同的理由，活出耶稣的教导已经不再

第五章　耶稣所说的

是"兴起门徒"的主要部分之一。许多教会面临基督徒人数不增不减或逐渐减少的情况时都开始产生一种急迫感，想要赢得更多信徒或保留现有的会友。以寻求者为导向的主日崇拜不再强调耶稣严格的行为道德标准，或者在开始一个日后艰难的旅程之前没有仔细考虑其中可能要付出的代价。福音是邀请，也是要求。

耶稣从来没有在公共场合中清楚列下神国度对生活标准的高要求而有任何犹豫。祂也不怕会失去跟从者（路加福音9章51-62节；约翰福音6章66节）。祂的仇敌甚至说："我们晓得你所讲所传都是正道，也不取人的外貌，乃是诚诚实实传神的道"（路加福音20章21节）。要同时取悦神和取悦人是个混杂的动机。单单说出真理和全部的真理并不是一个提高知名度的方程式。

具体的异常现象则是对主在离婚方面的所给予的教导一字不提，或者是采取沉默的态度。耶稣没有提到任何关于堕胎或同性恋的事，但是基督徒在这些课题方面的言行却是底气十足。反观祂针对离婚后再婚一事有诸多教导，但基督徒却诡异般的安静。现在不但有很多教会会友和牧者更换配偶，传道人和教师也不愿意讨论这个课题以免使会众不舒服或造成分裂。有些人甚至"祝福"在教会外所举办的再婚礼或举办"离婚恢复"工作坊，将再婚列为未来可行的选项之一。若是在以前，这些人将从以色列人中被剪除。现在，那些提问这些人之"权益"的人反而被排斥！

以上的两个现象，不论是概括或具体的，都重点强调我们急需回归圣经的教导，特别是新约圣经的四本福音书，并确保我们真的知道和了解耶稣所说的。我们可以很快地做出一个观察：耶稣对离婚和再婚的态度是负面的。那些挑战祂去表明立场的人似乎早已预料祂的反应。

　　可惜的是，任何关于耶稣教导的讨论很快就专注在祂所提出的"例外"，而非事先确保祂的"条例"已被建立。这样的讨论成为寻找漏洞的活动。我们先来看祂对这课题所做出的保留（reservations）和祂坚持这些原则的理由（其中的"解释"在路加福音和马可福音中）。我们在这之后才会讨论任何条件资格（qualification）（"例外"的例子在马太福音中）。最后，我们来了解耶稣如何亲自处理相关的情况（"例子"在约翰福音中）。

第五章　耶稣所说的

一、祂的解释（路加福音和马可福音）

路加福音 16 章 18 节（读）

这是耶稣最短、最简单的声明，也是开始讨论的好地方。这是一个清楚明确、毫不含糊、没有条件的声明。这段经文并没有直接批评离婚，但是却不允许男女任何一方在离婚后再婚。祂是在跟男人说话，因为不论是过去或现在，通常是男方提出离婚。

在深入探讨这段经文之前，我们应该注意它的上下文。这句话好像毫无预警地穿插在耶稣和几位法利赛人之间的对话中。整段经文与金钱有关，而路加将这个对话编入两个相关的比喻之间：一个是关于人重视人多于金钱，另一个是关于人重视金钱多于人。耶稣先称赞"不义的管家"牺牲现在可能赚得的利益来结交未来能帮助他的朋友，然后建议听众效仿他，要借着那不义的钱财结交朋友，到了钱财无用的时候，他们可以接你们到永存的帐幕里去（第二个比喻的意思是将财富浪费在今生的事物上将使人两手空空进入永恒。）

此外，耶稣还说人不可能投入毕生时间来一边赚钱，一边事奉神；其中一个一定屈居第二，而那通常是神。法利赛人公开嗤笑耶稣的逻辑思维，他们认为自己完全有能力同时追求财富和属灵目标。耶稣透过一句具破坏性的控诉告诉法利赛人，说他们不过是得到人的敬佩而已。神不但完全无动于衷，反而厌恶他们没有意识犹太经文、施洗约翰的事工或传讲天国福音的重要性，而这三样是其他人热衷追求的。与此同时，他们把全部心思放在摩西律法细微的事上，投入到一个地步使他们忽略圣灵的工作（这里假设第17节带着讽刺的语气）。

就在这个时候，耶稣提出祂对离婚的看法。很多时候，那些事业生意成功的人会用新"款"的妻子把原配换掉。财富会使人对自己所拥有的感到不满足。换句话说，更换配偶是富裕的法利赛人的主要生活习惯，他们为了抹灭良心的谴责而向神献上薄荷、芸香和各样蔬菜的十分之一（路加福音11章42节）。他们显然认为离婚和再婚是没有任何问题的，但对耶稣而言，那是大错特错。这里有个重要的问题：为什么耶稣会如此认为？

简单来说，再婚是违背神的意思，不但犯了罪，也不遵守诫命。那一条诫命是至关重要的。那就是神亲笔所写的十条诫命中的第七条——"不可奸淫"。

似乎很少人意识到耶稣所说的全部含义。奸淫是指已婚人士与配偶以外的人发生性行为。这表示即便一对夫妇通过正当法律途径离婚，他们在神的眼中仍然是处于结婚的状态。他们的婚姻关系仍然存在，没有瓦解。他们并没有获得自由与他人结婚。第一个所立的"约"仍然具有效力，即便一方被出卖了也没有被取消。尽管人承认婚姻失效，但神并不承认。我们已经不能再更清楚地强调这一点，所以才通过不同方式将它表达出来。

另一件要注意的事就是耶稣并没将这句惊人的声明

局限于跟随祂的人、法利赛人甚至犹太人。这句话是说给"任何人"（也就是"每个人"的意思）和离婚双方者听，不论男女任何一方，只要再婚就是犯奸淫罪。更何况，"犯奸淫"的时态是现在进行式，也就是持续正在进行的意思。有些人想将奸淫定义为进行再婚礼和之后第一次发生性行为的那一刻，但是耶稣包括在那之后所有的性行为。直接的说，对神而言，离婚后再婚是犯了重婚罪，这个婚姻不具任何效力。

最后一点。路加福音的开头介绍和内容显示路加是写给外邦人而且是特定的一位。路加对他的称呼暗示这位收信人可能是保罗在罗马受审时的法官或辩护律师。路加的第二封信《使徒行传》似乎确定这一点。

在结束路加福音的讨论之前，还有另一段经文对这个课题有间接的影响：

路加福音20章27-35节（读）

这段经文提到了另一个犹太"派系"（简单说就是一个被贴上标签的群体）。若说法利赛人的信念和行为比较保守，那么撒都该人应该是属于开放派的。前者相信有复活；后者却不相信。他们认为这个想法荒诞无稽。

在这段经文中，撒都该人或许想要知道耶稣选择那个派系，但是更有可能的是，他们要嘲笑祂对别人所施予的同情，因此就为耶稣设了一道难题。这道难题是基于律法中所允许的事，那就是人若在有妻无子时离世，他的兄弟为了要尽本分保护寡妻的名声和产业而娶她为妻（申命记25章5-6节；这里并没有提到逝者的兄弟是否已婚，所以可以假设这种情况是允许一夫多妻的）。

为了挑战身为拉比的耶稣所做出的教导，这些撒都该人捏造了情况：一名女子死了七位丈夫，这七人都是兄弟，但是却没有生下任何儿子和继承人。虽然这件事在统计学上不可能发生，但是理论上是可能的。既然"复活"指的是身体的重造而非灵魂的永活，重点问题就是：哪一位兄弟在复活后可以拥有这位女子为妻（也就是性伴侣）呢？我可以想象撒都该人在等待耶稣回答时的奸诈笑容。他们终于抓到耶稣的把柄了！

这个问题问得突然。他们的问题是基于一个假设，那就是婚姻在人死后还是具有效力的，而这个假设突显出他们对神大能的无知，不知道神有能力创造不同种类的身体，而复活后的身体是永存的，因此不需要复制或替代自己，就好像无性别、永远存在的天使一样。

耶稣反而接着挑战他们的冷嘲热讽，提醒他们亚伯拉罕、以撒和雅各的神是活人的神，而非死人的神。这些先父仍然活着，但是他们已经不在婚姻里了。

将这段经文列入本章里是要清楚指明耶稣相信婚姻在人死后就不再有任何效力，也不会在人复活之后继续成为一男一女之间的专属结合。换句话说，婚姻的结合不是牢不可解的。离婚不会终止婚姻，但是配偶死亡却会。耶稣并没有挑战妻子在丈夫死后可以再婚的假设，

第五章 耶稣所说的

祂只反驳撒都该人以为婚姻会在人复活时一同被恢复的假设。

让我们总结路加对耶稣教导的记载：再婚是犯奸淫，除非……那人的配偶过世了。

马可福音10章1-12节（读）

这段经文透过耶稣与法利赛人之间的争论对耶稣的想法做出更完整的记录。这一次是他们主动提及这个课题。马可清楚表明这个问题不是出自诚恳的寻求者。他们其实是要"试试"他（也就是"试探"），希望能够藉由耶稣所说的话使祂得罪人并且惹祸上身。

法利赛人打算让耶稣得罪谁呢？答案可能就在事发地点，也就是约旦河外的东边。他们正在希律·安提帕斯（Herod Antipas）所管辖的领土内，而他的妻子希罗底（Herodias）因为约翰在众目睽睽之下谴责他们的婚姻"不合法"而对他怀恨在心，因此唆使希律杀害施洗约翰。耶稣的反对者是否也想惹起类似的事端？

又或者他们只是想让祂的看法惹怒一群具有社会影响力的人，无论这群人是选择夏迈的严谨立场或是希勒的宽松立场（第四章已做出描述）都一样。无论是何原因，他们显然是要为耶稣设个圈套，但是耶稣总有办法通过令人惊叹的智慧让自己脱离险境。

这段经文的记载分为两段：第一，与法利赛人的公开争论；第二，之后与门徒的私下对话。

公开争论（第 2-9 节）

在耶稣的时代，离婚的合法理由受到热烈的辩论，这似乎是因为离婚率不断的攀升。但是这并不是法利赛人所要问的问题。他们真正要问的是耶稣是否会在犹太人法律（也就是摩西律法）的界限内接受任何离婚的理由。一个否定的答案将使耶稣成为众矢之的，而肯定的答案则会让祂陷入更大的争议。

耶稣以一个问题来回答他们的问题，这也是祂最爱使用的技巧（参马可福音 11 章 28-30 节）。祂小心翼翼选择回应的话。祂的"摩西"指的是旧约圣经前五本书，也就是摩西所写的律法五经。犹太人称这五本书为"律法"（Torah），而基督徒则称之为"摩西五经"（Pentateuch）。此外，耶稣也用了"吩咐"，而这一词的意思是命令人做或不可做一件事。当然摩西从来都没有命令任何人离婚。他不过是禁止与前夫离婚的女子在与后夫离婚后，不可与前夫破镜重圆。他也从未列下离婚的合理理由。

尽管法利赛人辩称摩西"允许"离婚，但是耶稣却告诉他们这个决定是一种妥协，是摩西处理人"心硬"的方式。这可能指的是他们对神的悖逆（"硬着脖子"），或是夫妻间无法饶恕彼此之间的烦扰。无论如何，摩西的允许就是要限制他们的任性。这并不是这个课题的结语。这也非序言。耶稣回到了摩西五经的前段部分（创世记 2 章 24 节）。这里记载神当初设立婚姻的命令，是要全人类普及应用的。就如我们所读的（第1章），神的婚姻计划是设立于一男一女和一夫一妻之间、并且至死不渝的。

造男造女的神（参照创世记第1章）同时拥有权力和责任来决定他们之间的关系次序（见创世记2章）。祂提醒他们婚姻在某方面会使**两个人成为"一体"**。两人会成为一体！这是神的作为，是神在每个婚姻中的超自然介入，是一个神迹。耶稣不是说婚姻不能够被终止，而是说它不应该被终止。不是人没有能力，而是人不可以。婚姻是圣洁的、是圣神的。破坏婚姻就是亵渎神。

为什么耶稣会如此说？这是一个值得追问的问题。对祂而言，妥协的日子已经结束了。就算是为了神的子民，耶稣都不在需要为了人的软弱和任性而降低律法的标准。新的一天已经临到。或许神在之前略过人的罪，但是"如今却吩咐各处的人都要回改"（使徒行传17章30节）。神的道德标准被恢复至"原来"的水平。之前是降低律法标准来满足人性软弱，现在却是提升人的本性来符合神的标准，也就是没有离婚的可能。但是耶稣并没有直接指明这一点，所以法利赛人可能对祂的话感到莫名其妙。耶稣的门徒肯定对祂的话产生疑问。

私下对话（第10-12节）

门徒们等到与耶稣单独相处的机会后，就急忙地想请祂澄清立场。他们的理解正确吗？祂真的不允许人以任何理由离婚然后再婚？

这一次，耶稣给他们一个直接的答案。这是祂教导一般群众，特别是抵挡祂的人所采取的方式。这方式的特点就是使用隐晦的谜题和比喻。除了真诚寻求真理的人以外，其他人都没办法理解其中所隐藏的真理（马可福音4章9-13节）。祂选择清楚地向被拣选的门徒（学生）们解释并直接回答他们的问题。这些门徒最终成为使徒（传道人）。这次祂也是使用相同的做法。

耶稣的答案与我们之前所读的如出一辙（路加福音16章18节），为祂的"不离婚"的立场给予一样的基本理由，那就是离婚并不会解除婚约，因此任何再婚对神而言都是犯奸淫。这里再一次提到再婚是错的；同时要注意的是，这不但是得罪神，同时也"辜负了他的妻子"。

这段经文不同的地方在于路加是写给休妻的男人。马可也写给那些与丈夫离婚的女人，而这比较符合希腊和罗马社会。耶稣的原则都适用与这两组人。

另一点要注意的是，马可记载耶稣清楚向门徒做出声明，但是路加却记载耶稣向法利赛人说了这句相同的话。原来后者发生的时间较晚，当时耶稣踏上前往耶路撒冷的最后之旅，并预备好更公开地挑战祂的反对者。

最后，圣经学者参考相当的内部证据及外部传统后，他们基本上一致同意马可福音和路加福音是针对非犹太人的读者而写的，而离婚在这群人当中非常普遍。因此，耶稣的教导中没存在任何需要满足的条件或例外的因素，这一点是非常显著的。这项禁止条例是完全绝

第五章 耶稣所说的

对的。我们转看马太福音会发现个案情况非常不一样。不是每间初期教会都拥有四本福音书,但是我们有,因此需要将它们都纳入考量。

二、祂的例外（马太福音）

有别于路加福音和马可福音，马太福音里一共有两段关于这个课题的经文（5 章 31-32 节和 19 章 1-12 节），而其中一段与法利赛人无关。但是，最大的差别在于这两段经文都包含了一句"若不是"（except），符合了另外两本"对观"福音书（"Synoptic gospel"，意思是外观类似）里面的通则（general rule）。

或许这就是为什么多数的基督徒会将离婚的讨论着重在马太福音上。的确，我知道有些人甚至不清楚路加福音里对离婚所存有的记载。这是不是因为比起遵守律法，我们比较积极寻找漏洞？不管原因为何，我们似乎对马太所说的比较感兴趣。我不认为这是因为马太福音是新约圣经的第一本书，或者其中有更多的记载。真正的原因是因为其中列出了"例外"，而它快速地吸引我们的注意。

在分析耶稣列出例外的意义之前，我们需要意识到，列出任何例外情况的背后必有重大的意义。"例外"能将绝对的原则改为相对的——原本在任何情况、任何人身上都能应用的原则现在变成应用在某种情况和某些人身上。整个应用过程不再简单直接，反而需要考虑其他的因素。一个"不可"的禁止条例被改变为"有时可以"的条例。路加福音和马可福音简单而且直接。马太福音使整个情况变得复杂了。

第五章 耶稣所说的

要看到任何例外符合耶稣对回归创世记第2章所做出的呼吁并不容易。创世记中并没有提到任何例外的情况，而且在当时似乎完全没有考虑这方面的可能。很显然，耶稣引用创世记第2章是要完全排除离婚的可能，但是祂在马太福音中又重新提及它。

不出意料的，有些学者对马太的记录提出质疑。耶稣真的提到例外的情况还是这完全是马太自己添加以强调他在马太福音5章18节所宣称的："就是到天地都废去了，律法的一点一画也不能废去，都要成全"？若真如此，那他是潜意识或有意识地添写这个例外？或者这个例外是出自他人之手，如早期抄写经文的人？

许多人敏锐意识到这个问题已被曝露了，他们当中就产生了许多推测。问题不在于这个例外是否与圣经原则产生矛盾，而是它在绝对和相对的标准之间制造了极大的紧张局势。

本人相信马太的记忆和记载是正确无误的。耶稣的确在祂的"法规"里出现一个"例外"。马太将它记录下来必定是事出有因，相反的，路加和马可选择省略它也必定有他们的理由。我也不认为他们两人的记忆有误。我相信线索就在福音书的读者群身上。换句话说，这本福音是为谁而写的？这一点可能也指明这个"例外"的本质，这是我们将会探讨的。

福音书之间有许多区别。其中一个是路加福音和马可福音的读者对象似乎是非信徒，而马太福音是针对信徒而写的。马太这位前税吏以马可福音作为基础架构，但他独特之处是在于他收集了耶稣的教导。他的记载中包含了五个汇编，而它们全部都围绕天国这个主题：

第 5-7 章：天国的生活模式

第 10 章：天国的使命

第 13 章：天国的发展

第 18 章：天国的社群

第 24-25 章：天国的未来

快速阅览任何以上的"证道信息"很快就能透露信息的目标受众（见 5 章 11-12 节；10 章 16-18 节；13 章 16-17 节；18 章 18-19 节；24 章 9-13 节）。这几篇信息都是教导那些已进入国度里的人，它们描述身为天国子民的责任和危险。

这就是我们在寻找的线索吗？如此一来，非信徒就没有任何离婚的借口，而信徒就获得一项"特权"能与配偶离婚。耶稣有可能为祂的门徒定下比世界更低的道德标准吗？当然不！不论是那个生活层面，耶稣都呼召他们活出更高的道德生命，并且承诺会提供所需的帮助使他们能达成目标。

那么，马太福音和路加及马可福音之间还有其他不同之处吗？有，还有。我们已经注意到路加及马可福音的主要读者群是外邦人（非信徒），而马太福音的主要读者群大部分则是犹太（信徒），以下列出了这方面的证据：

第五章　耶稣所说的

马太一开始就列下了耶稣的家谱，而这不太可能是个会引起非犹太读者兴趣的方法。马太透过家谱列出耶稣为大卫王之后嗣，立刻将耶稣确立为"犹太人的王"。此外，耶稣的家谱中也为犹太人编入一个被编码的信息。如罗马人一样，犹太人使用英文字母而非数字（A=1, B=2，以此类推），并为每个名字提供一个数值，而"大卫"就是"14"。因此马太将耶稣的家谱分为三个时间段，每个阶段共有十四个名字：亚伯拉罕至大卫，至放逐，至约瑟。

这对犹太人而言是非常有趣的。本人记得有一位犹太人在教导马太福音1章1-17节时接受耶稣为他的弥赛亚。在比较之下，写给外邦人的路加则将整个家谱延至第3章后半段，并追溯到亚当时期而非亚伯拉罕。

比起其他三本福音书，马太福音与犹太经文（俗称"旧约"）有更多的关联。只有他记录耶稣的抗议，指明祂不是来废掉"律法和先知"，而是来成全它。马太福音中也对摩西律法做出最大的肯定（5章18-19节，而这使很多自认不再受制于摩西律法的基督徒感到纳闷），而且他也因看到许多预言成就在耶稣生命中而感到喜悦（他常说："应验先知所说的话"，如2章6, 15, 17, 23节）

尽管马太福音不是新约时代所写的第一本书，但是它被编排成为新约圣经的第一本书；它排在玛拉基书之后，成为圣经旧与新约之间的最佳连接。

马太有选用"天国"一词，而其他福音作者则偏用"神的国"。当然，他不是如一些评论者试图证明的，是在指其他的国度。其他内容相同的文本显示他是故意更改了耶稣的话。他为什们会这么做呢？

自从经历被放逐的创伤，犹太人对妄称耶和华的名字所带来的危险后果过于敏感。他们停止使用神的名字，并且用委婉的说法如"天国"来代替"神"（例如我们常说的"老天"帮你）。直到今时今日，仍然没有人能正确拼出摩西称呼神名讳的发音，并且在希伯来文中只使用四个辅音字母"JHVH"来代表神的名。"JHVH"并不是英文的"Jehovah"，反而比较像"Yahweh"，但这两个字在中文都被翻译为"耶和华"。就连"God"在报纸上也被印为"G-d"。

如果马太的主要读者是犹太人，意识到他们在这方面的顾忌就能明显解释他更改用词的原因。他避免对犹太人造成不必要的冒犯，以免他们拒绝所读到"好消息"。

正如之前所提的，马太将耶稣的教导汇编成五个主要论述。这是个潜意识的举动，或是刻意效仿犹太律法书中的摩西五经？他是否是在暗示身为新立法者的耶稣成就了摩西所说的预言（见 申命记 18 章 15 节；参 约翰福音 6 章 14 节；使徒行传 3 章 22-23 节）？

耶稣第一和最后的"宝训"都是在山上教导的，这不禁让人想起摩西在西奈山上的经历，这两者之间的关联实在是耐人寻味。

马可在离婚方面所作出的教导是针对男女双方，马太反而把对象改成男人。这是因为在犹太文化中,通常是男人采取主动离婚。

＊＊＊＊＊

以上所提的已经足够支持马太的主要重点。若将马太福音与路加福音及马可福音之间的两个主要区别结合起来,我们有足够的把握确定马太福音是为了犹太读者而写的。这就符合历史传统所显示的,这本福音书最初被发现时是在以色列领土内的教会中。我们时常忘记早期的教会会众以犹太人居多,并且仍被视为一个犹太教派。顺带一提,牛津大学莫德林学院的图书馆中存有马太福音的原稿残片,而当中显示其写作期是在教会和犹太会堂,也就是基督教和犹太教出现极大分裂之前。

这篇关于马太福音的浓厚犹太氛围看似过于冗长,身为读者的你可能对此长篇大论(或分心之论?)觉得不可耐烦,但是如果这点能解释为什么耶稣的"例外"只记录在马太福音而非马可或路加福音,那么这就至关重要了。铭记这几点,让我们深入讨论两段相关的经文。

马太福音 5 章 31-32 节(读)

这段经文是著名"登山宝训"中的其中一部分,也是关于神国的第一篇教导。要了解这篇教导就需要先明白当时的生活方式和文化。耶稣原本把门徒们带离群众并上山做出此篇教导(5 章 1 节),结果尾随而来的广大民众到最后也听到了宝训（7章28节）。这个改变反应在教导的内容里；比较5章13-16节和7章13-14节。

耶稣开始的教导是有关天国子民应该成为怎么样的人而非该做怎么样的事，以便成为社群中的盐和光，同时被神祝福和使用。他们正确的生活方式，或"公义"，要超乎律法对外在正当行为的要求标准和法利赛人就律法所体现的。一切的行为应发自内心正确的态度和一颗清洁的心。在场的听众曾从其他老师口中所"听"到有关摩西律法的教导。耶稣把这些教导和祂所"说"的一切做出一系列的对比。祂第一手的权柄教导（"我实在告诉你们"），比较听众所得的第二手分享（主要拉比的意见），必定在人的心中留下深刻的印象（7章28-29节）。

耶稣对"律法"在日常生活中的应用方面比传统诠释来得更深、更严、也更难遵守。拿第六条诫命为例，"不可杀人"（创世记20章13节；由于杀人的刑罚是死刑，是需要他人"执行"的，因此更好的翻译应该是"不可谋杀"；创世记21章12节）。耶稣指出行为上的谋杀不过是一个过程的结束，而心中充满愤怒和鄙视就是过程的开始。既然神能看透人的心思，这样的情绪早已违背祂的律法，并且应该承受祂的审判。真正的谋杀犯人数比实际的人数更多。他们不过是缺乏途径、机会或胆量去做。"如果目光能杀死人"，死的人就更多了！

同样的原则也应用在奸淫方面。它始之内心，通常受到新约圣经所称之"眼目的情欲"（约翰一书2章16

第五章　耶稣所说的

节）的刺激。看一位女性甚至想要和她发生性行为，就算想法到最后并没有落实，这就已经踏上犯奸淫的道路。很少男人能读到此诫命而不受到良心谴责。更少人下定决心效仿约伯做出必要的决志（约伯记31章1节）。

但是违背第七条诫命还有一种令人讶异的方式，这也是耶稣所谴责的。在律法层面上的背叛是不同于身体和精神上的。这就是马太福音第一段经文的主题，这也是与配偶离婚的后果。

也就是在这个关联中首次提到了一个例外。但是，在研究这项例外之前，我们需要问的是：这是在什么情况下所产生的例外？换言之，我们要先了解包含"若不是"的整句话，并在没有任何条件影响的情况下去研读它。这句话主要的动词是"就是叫她做淫妇"，也就是有人必须为这个错误负责。在这个情况中，负责的人就是采取主动休妻的丈夫。他的休妻行为让妻子成为淫妇。

但是他如何让她成为淫妇呢？其中一个可能就是他让她得到如此坏的名声。这是因为许多人会采取夏迈（Shammai）的立场，认为犯奸淫是唯一离婚的合理原因，因此认定这是妻子被休的理由。可能性更高的原因是，这其实是隐射她必定会再婚的行为。当时的女人无法出外工作，也无任何社会援助来帮助单身女性，所以离婚女人的主要支持和安全感来自下一任丈夫。

耶稣将离婚后再婚视为奸淫，做出如此谴责是完全符合祂的教导和神的标准。就如我们之前所提的，离婚本身不会瓦解婚姻之约，所以奸淫是由已婚人士所犯下的罪。更何况，娶了离婚妇的男人也因此犯下奸淫罪，因为她在神的眼中仍然处于已婚状态。所以，休妻的男人其实造成了后续的奸淫效应，导致他人犯了律法第七条诫命。尽管他并没有（技术上而言，在律法的层面上）犯了这条诫命，但是他必须直接为这个行为负责。神会为他的妻子和第二任丈夫所犯的罪来追究他的责任。

除非，他的妻子早已犯罪并且因它被休。但是，她犯的是什么罪？问题在于耶稣并没有在这个离婚情况中使用"奸淫"一词（希腊原文 moicheia），但随后立即以"奸淫"来描述之后的再婚。

耶稣使用另外一词来描述离婚的原由，也就是希腊文的"porneia"，在英皇钦定本圣经（King James Bible）中被翻译为"淫乱"（fornication）。就是这一词掀起了无休止的争论和纠纷。我在这里请读者们见谅，我们需要延后这一词的研究直到我们探讨马太福音 19 章，因为它被使用的方式与我们的主题有更大的关联。

目前而言，将"porneia"定义为性方面的罪恶行为已经足够。我们可以藉由这个简单的定义总结耶稣所说的。祂主要是关注触犯第七条诫命的方式，这可以在身体上、精神上和法律上。在最后的情况中，尽管妻子在离婚前并没有通奸，丈夫的行为导致他们（离婚的妻子和第二任丈夫）进入奸淫的关系。

离婚丈夫唯一无需负责的情况就是妻子在离婚前已

经做出违法的性行为。在这情况中，丈夫无需为她在离婚后的不道德行为负责，因为她早已选择犯罪的道路，道理就那么简单。

虽然这里没有明确说明，但其中的暗示显示她的不忠构成离婚的正当理由，因此也获准离婚。这种情况虽然可以允许离婚，但是没有任何暗示显示耶稣认为，如犹太文化所要求的，这种行为一定要离婚。的确，耶稣这篇教导中包含许多的劝勉的话，包括要原谅他人的侮辱言辞或不公不平之举、转脸让人打另一边的脸颊、愿意走第二里路、敬拜神之前与他人和好、原谅他人以得被饶恕、为仇敌祷告和祝福那些伤害我们的等等，所以耶稣必定视离婚为万不得已的解决方法。

现在我们转向另一段经文，当中有针对离婚理由的直接讨论，同时也提到了"例外"，但是在措辞方面稍微不同。我们在探讨这段经文时会详细讨论"porneia"一词。

马太福音 19 章 1-12 节（读）

首先要说的，就是这段经文与马可福音中的记载（10 章 1-12 节）及其相似，因此两段经文肯定是描述同一个场合所发生的事。事发之处相同，也就是在约旦河外的东边，在希律王所管辖的领土内。事发之时也相同，是耶稣最后一次前往耶路撒冷的旅途中，同时遇见同一群反对祂的法利赛人。确实，两段经文的措辞及其相似，以致许多学者认为马太抄写了马可的记载。

但是，马太的记载当中有些明确的迹象显示他并没有盲目、逐字地"照单全抄"，反而为了自己的目的和读者做出一些改编。两人之间的记载有真正的区别之处，甚至是有差异的地方。最明显的是，尽管两人都描述耶稣与法利赛人之间的公开争论及之后与门徒的私下对话，但是第二部分的内容是完全不同的。这可以被视为一种补充内容，而非矛盾说辞。

在公开的争论中，虽然有关摩西律法和耶稣回归创世初立婚姻之呼吁的顺序颠倒，但是对整个流畅度并没有造成严重的影响。有关摩西律法的部分在马太的记载中则使用了两个动词：法利赛人用"吩咐"，而耶稣则用"允许"。同时马太也省略耶稣在批评离婚时所说的"辜负他的妻子"，因为他把妻子与丈夫离婚的可能性也包括在内。

或许最显著的区别在于法利赛人开始试探耶稣时的措辞。在马可福音中，他们简单地问"人休妻可不可以"，也就是问摩西律法是否允许任何情况诉诸离婚。这是一般的询问。但是在马太福音中却添加了"无论什么缘故"。这就成为了特定的询问，因为这句话可能是在指希勒拉比的学派和他所持的自由立场，而不是夏迈拉比的严谨立场（也就是奸淫而已）。在马太的版本中，法利赛人似乎尝试迫使耶稣在当时的争议中公开声明祂所选择的学派，并且打算让祂的答案得罪另一方。的确，如果"例外"是指奸淫，那耶稣的确是与夏迈站在同一阵

第五章 耶稣所说的

线,但这很难解释门徒们的惊讶反应。不过,我们正在期待真正的答案。

除了例外的部分之外,马太的记载在本质上与马可相符,所以马可福音的经文分析部分也同样应用在这里,无需重复。我们需要仔细研读的是主要的差异,也就是"例外"的情况和与门徒的对话。

首先,让我们来看"例外"。我们之前已经指出,即使在同一个句子里面,耶稣并没有在提到例外时使用描述奸淫的词句(希腊文是 moicheia),但是他却使用它来描述离婚后的再婚行为。如果耶稣在提到例外时使用奸淫一词,那就会省了很多笔墨和避免不必要的争论。当然,耶稣并没有用希腊语,但是我们可以假设马太福音在措辞部分反应出耶稣原本所使用的希伯来文或阿拉米语(Aramaic)。所以我们会研究马太为这例外所使用的"porneia"和这个字对他与其读者群来说有什么意义。如果我们使用英皇钦定版圣经(King James Authorised Version)的翻译——淫乱(Fornication),问题就会简单多了。"淫乱"和"奸淫"之间的关系有三个可能性:

i. 他们的意思相同并且在文本中可以交替使用。试想一个圆圈中同时包含"F"(Fornication,指淫乱)和"A"(Adultery,指奸淫)。

ii. 他们的意思在某方面有交叠,通常是其中一个包括另一个,但不排除其他的定义。试想一个标有"F"的大圆圈中包含标有"A"的小圆圈。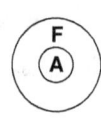

iii. 他们的意思不太一样,所代表的图案就是两个并排的圆圈,一个标有"F",另一个则是"A"。

这三个"图案"涵盖所有对这个"例外"的诠释,而我们会逐一地探讨。

i. 意思相同

许多现代的英文翻译都假设或建议这两个字的意思相同。英文新国际版圣经(New International Version)更是典型,将"Fornication"翻译为"对婚姻不忠"。许多教会和基督徒在过去几个世纪也都接受这个定义。将"淫乱"改为"奸淫"被认为没有任何神学意义方面的影响。同时可能因为将其视为马太的著作而非耶稣的话语,所以被认为是文学多样性的例子之一。

这帮助牧者在辅导情况中更容易应用这段经文。当事人是否有犯奸淫?若有,当事人就获准离婚和再婚。若没有,就不能离婚。

但是这个诠释可能至少在两方面被滥用。第一、为了能"符合"离婚的条件,当事人可能会故意犯下奸淫罪。"奸淫"曾经在英国法律中是离婚的合法理由。当时伦敦人当中有个众所周知的做法，就是入住某间布莱顿（Brighton）的酒店。那里的工作人员会为客户安排女服务员陪伴一晚，并且会通过书面确认他们是被"发现"睡在同一张床上。

第二、奸淫或通奸行为是在婚姻破裂、夫妻分居后发生的，并且以此作为离婚的依据。这其实是个借口，而不是理由。

以上这两个逃避现实的做法在20世纪60年代成为修改法律的论点之一，而修改后的合法理由只剩一个："婚姻破裂到无法挽回的地步"。这个修改也承认一点，那就是要证明任何一方是完全有罪或无罪是相当困难的。

ii. 意思交叠

这个诠释所代表的图案通常是大圆圈中包含小圆圈。"淫乱"包括所有单身或已婚人士所参与的非法性行为；而只有已婚人士才能犯下"奸淫"罪。

这可能是最广为接受的诠释，主要是因为"淫乱"（希腊文 porneia）在新约圣经，特别是启示录中，似乎是应用在单身和已婚人士身上（2章21节；9章21节；14章8节；17章2、4节；18章3节；19章2节）。

除了第一个诠释方法中所提到的滥用情况以外，这个诠释方法引来更多的问题。

它扩大了合法理由的范围。乱伦、恋童癖、同性恋甚至人兽性交等理由都符合了。如果它包含与自己的配偶以外的任何人或任何物达到性高潮，那自慰能否挤进排行榜中？

既然耶稣教导人在思想上与行为上所犯的奸淫罪同样严重，那么色情杂志和影片（包括电视节目）或甚至不安分的眼神都应该被列入其中吗？

那么，属灵的"奸淫"例如以色列人"追求其他的神"，那又作何处理？配偶改变信仰就可以离婚吗？或是信徒成为非信徒？我们在哥林多前书7章12节就看到这个情况发生。

找出法律漏洞然后加以扩大其应用范围是人类的堕落本性。不出意料的，那些支持"淫乱"包含广泛意义的人同时也迫切要求将其他罪行列入定义之中。他们提出尖锐的问题如：为什么耶稣只专注在性方面的罪而导致教会也同样沉迷于这个定义中？难道耶稣不认为身体和精神上的虐待对婚姻具有同样的破坏性吗？那么，忽略、性格不合、经济压力和其他导致婚姻破裂的原因又该如何处理呢？

对耶稣可能持有的想法做出如此富有想象力的猜测承载着一定的危险性，也就是透过人的意思来了解祂的想法和说法。必然的结论就是耶稣会准许所有，或大部分的离婚和再婚情况。有些基督徒还以耶稣的"怜悯"为名，声称祂准许那些甚至或特别是有罪的罪人如此做。当然，奸淫本来就不是不可赦免的罪！

视"淫乱"为"奸淫"或包括"奸淫"就是走在滑坡的第一步。如许多人发现，这是一条不容易停止、无法划清界限的路。这就是为什么我们会考虑第三个可能性：

iii. 意思不同

这里假设耶稣本身刻意选择不同的单词，一个（porneia）用于准许离婚的"例外"情况，另一个（moicheia）则用于再婚。

在圣经中为这两个单词划清界线的基本理由是：耶稣和使徒作者在罪和罪人归类时，不但将它们分开来看，也同时也将它们并列出来（见马太福音15章19节；马可福音7章21节；哥林多前书6章9节；希伯来书13章4节）。这样的举动表示它们不可能有相同的意思，同时减低意思重叠的可能性。

那么，"淫乱"和"奸淫"之间有什么区别？这两个单词之间必定有一些对比。最简单最符合逻辑的答案就是，"淫乱"是婚前的非法性行为，而"奸淫"是婚后的非法性行为。这也是它们在英文语文中的定义。牛津词典（Oxford Dictionary）将淫乱定义为"未婚人士之间自愿发生的性行为"，同时将奸淫定义为"已婚人士与配偶以外的人所自愿发生的性行为"（"自愿"使这两个单词与"强奸"区分）。难道英文词汇的使用方式，透过之前拉丁文的版本，反映了希腊文的意思？这极有可能。

许多人可能没有察觉，这种处理"淫乱"定义的方式是何等有说服力，在耶稣的时代尤其如此。让我们考虑以下的论点：

1. 这就能解释为什么"例外"只出现在马太福音中。我们之前提到这本福音书是主要写给初期犹太教会中的犹太信徒们。犹太文化是个需要纳入考量的真实因素，就如耶路撒冷的教会长老们如何处理调查结果（使徒行传15章28-29节）。有趣的是，出于对犹太文化的敏感，外邦信徒需要遵守长老们所定下的三件事，而其中一件是"不可淫乱"，但对犹太或外邦信徒而言，这都是必须要遵守的诫命。然而，犹太文化是基于摩西律法，而当中要求新娘在婚前维持处子之身，若不然则以死刑论处（申命记22章20-21节）。要证明新娘不是处女的方式就是在婚前怀孕或是女方在结婚发生性行为时没有因处女膜破裂而流血。

到了耶稣的时代，淫乱的惩处从死刑被减为离婚，尽管这两样皆是强制性的后果。耶稣的父母——约瑟和马利亚也有类似的经历，这都记载在马太福音1章19节中。由于订婚相等于对婚姻做出具约束力的承诺，背约就等于"离婚"。约瑟是位正直（公平公正）的人，为了把公开后的影响和随之而来的羞耻减至最低，他决定私下休了马利亚。就如他名字的意思一样，他在梦中得到属神的启示。他被天使说服后，不但知道马利亚没有对他不忠，同时也即刻迎娶她，把她未婚先孕的责任揽在自己身上。

第五章 耶稣所说的

2. 这也解释为什么这"例外"并没有出现在马可福音或路加福音中。这两本福音书的主要读者群是外邦人。无论是希腊或罗马文化都不需要新娘在婚前保持贞操，同时也没有这方面的惩处。这两本福音作者可能记得耶稣所提的例外，但觉得没有记录的必要。

3. 这同时也解释为什么门徒们对耶稣的教导会有如此惊讶的反应（马太福音19章10节提到门徒对耶稣说："人和妻子既是这样，倒不如不娶"）。如果耶稣只是单单同意保守派夏迈拉比的立场（奸淫而已）而非自由派希勒拉比的立场（什么缘故都可行），他的门徒应该早已预料并且会全然接受。但是，若他们明白祂的意思为唯有婚前而非婚后发生的事能终止婚姻之约，他们评语中的语气和内容是完全可以理解的。换句话说，若结婚后无论发生什么事都不能离婚，那倒不如不结为妙！

我们已经提到耶稣与门徒私下的对话在马太版本与马可版本中的描述完全不同。这两个版本是有互补作用而不是产生矛盾的，当中所记载的是连续对话中的不同部分。在马太福音中，耶稣对独身禁欲之事做出相当长的论述，此番话完全脱离了离婚的主题，因此导致一些学者认为这是出自另一个场合。他们会如此以为是因为他们误会耶稣接下来所说的。

看到处于惊讶状态的门徒和他们所给予的震惊结论，耶稣的回应让人始料未及："这话（希腊文 logos）不是人都能领受的"。祂说的"话"（说法／谈话／推论）

是指祂的还是门徒的？由于英文新国际版（NIV）圣经将"logos"翻译为"教导"（teaching），因此许多人认为是指祂本身所说的（在第8-9节中）。但是这破坏了耶稣的言论的流畅性。通过门徒的反应反而能更容易了解耶稣之后所说的话。

门徒假设独身禁欲是一个容易的选项，是个靠意志就可以做的决定。当耶稣提到独身是一种恩赐时，祂是在强调这种生活方式比婚姻更不自然、也更困难，是需要外在因素来维持的。有些人是因为先天缺陷而不能结婚，有些是因为他人的缘故而成为独身（包括没有结婚的机会或被截肢）。然而，有些人则为了天国的缘故，领受足够恩典而放弃结婚的权益，就如耶稣一样。耶稣在提到和总结这点时都使用了一样的动词："谁能接受，就让他接受（独身）吧。"虽然门徒视婚姻为终身监禁，但耶稣暗示婚姻其实是多数人正常自然的选项。

4. 这舒缓了马太福音和马可及路加福音之间所产生的紧张局面。若"淫乱"是指婚前滥交，那么所有的对观福音书就一致了。没有任何婚后发生的事能构成离婚的合法理由，因此所有在离婚后的再婚都是犯了奸淫罪。耶稣的标准是绝对的，不是相对的。

对许多人而言，这似乎是"苛刻"、"残忍"和"缺乏怜悯"的，而坚持这立场的传道人也被冠上这种称呼。但是马太本身的记载显示耶稣对"公义"的要求比最严厉的犹太人还高，而且十诫的应用方式更为严格。祂的

第五章 耶稣所说的

怜悯从未导致祂降低标准以迎合人的水平，反而尽其所能，甚至在临死之前，把他们提升到祂的标准水平。所以耶稣的跟从者也要如此行。

读者可能无法完全接纳第三个对"例外"的诠释论点，但至少可能已经对传统立场产生一点的疑问。若是如此，我们想问："我们应该将疑点利益归给谁？是我们的主，还是急于为自己辩解的我们？

*作者备注：*在60年代时，我被选成为福音派联盟委员会（Evangelical Alliance Commission）成员之一。当时我们针对离婚这课题进行考虑，是否要将英国律法中的"经过验证的理由"改为"无可挽回的破裂"。我提出对"淫乱"在"若不是"这句话中的看法之后，有人请我为下次会议拟出一份关于这个课题的论文，而我也正式交付了。但是，当时身为主席的约翰·斯托特（John Stott）却决定采取"奸淫"立场，并获得多数人的同意；这个结论最终被记录在报告内。身为最年轻的成员，我当时没有勇气要求在报告中加入一则少数人声明（Minority Statement）。这是我至今还遗憾的错误。我们一致认为新的法律必会导致离婚个案大幅增加，而历史也已经证明这点了。

注释

若读者想更深入了解古希腊文、圣经新约和初期教会中对"淫乱"(fornication)做出的定义和使用，您可以参考一本由 Daniel R Jennings 完成、Sean Multimedia 通过 www.seanmultimedia.com 出版的研究佳作《除非为淫乱的缘故》(Except for Fornication，暂译)。这本书的副标题是《为什么福音派需要重新评估对马太所提之离婚例外的诠释》(Why Evangelicals Must Reevaluate their Interpretation of Matthew's Divorce Exception Clause，暂译)。对于淫乱只能是单身罪人所犯的罪，他的论点令人折服。

三、祂的例子（约翰福音）

每一位圣经学生都知道"对观"福音（马太、马可及路加）和约翰福音之间的区别。约翰福音经常被称为"第四本福音"（圣经新约第四本书，比其他三本晚几年完成）。有几个方式可以描述它们之间的区别。约翰福音没有收录任何关于天国的比喻，反而唯独记载着著名的"我就是"论述。"对观"福音记录耶稣一言一行，而约翰比较关注耶稣的品行和品格。

约翰是福音作者当中唯一宣告其写作目的人（20章 30 节），但由于读者没有注意到这节经文中的动词时态，因此通常误解了他的用意。这里的时态是希腊形式的"现在进行式"，代表正在持续做一件事。约翰写这本书不是要说服非信徒开始相信，而是帮助信徒继续相信耶稣是神的儿子；而在持续相信的过程中必定能得到生命（3 章 16 节中也使用相同的时态）。约翰当时正在以弗所提笔对抗由克林妥（Cerinthus，也译为塞林则）教导的异端邪说。克林妥指耶稣既不是完全的人，也不是完全的神，而是介于两者之间！为了支持耶稣的神性，约翰列出了七位证人（从施洗约翰到多马），七件神迹（每一件都比"对观"福音的更圣神般的壮观）和耶稣描述自己的七项声明（从"生命的粮"到"道路"、"真理"和"生命"）。

但是，与我们有关联的区别是对象的改变，从群众变为个人。尽管耶稣教导的对象包括这两组人，但是祂很多时候只将一些最令人难忘的信息告诉一个人。两个例子即刻浮现眼前：在井边的撒马利亚妇人和遭捉奸在床的淫妇。

约翰福音 4 章 4-42 节（读）

撒马利亚人是异族通婚的民族。在以色列被掳至亚述和犹大被掳至巴比伦时，有些成功逃脱流放命运的犹太人和当时还在应许之地生活的迦南人通婚。从流亡生活回归的犹太人不但鄙视他们，甚至还仇视他们，以至于那些加利利人宁可绕道从约旦河东边前往耶路撒冷圣殿也不愿经过撒马利亚，然后再通过耶利哥回到加利利。这个历史背景使好撒马利亚人的比喻显为凄美，也具挑战性。

耶稣"必须"经过撒马利亚这条捷径（经文中没有告诉我们理由），因此让祂面对面看到一位品行不良的撒马利亚妇人。她在天气最炎热的时候到水井取水，可能是想避开其他人。她因为耶稣对她说："请你给我水喝"而感到惊讶（因为如约翰所解释："原来犹太人和撒马利亚人没有来往"，而且犹太人不会使用撒马利亚人曾使用过的器具），耶稣便告诉她有关祂自己的能力并愿意赐给她更优质的"活水"。祂其实是指圣灵（7 章 39 节），但是她并不知道，所以就说了一个轻率、避重就轻的笑话来带过每日到水井的事。

第五章 耶稣所说的

耶稣认为是转向严肃、关乎个人话题的时候了。当耶稣吩咐她把丈夫带到水井时，她说她没有任何丈夫。耶稣毫无预警地所说的一番"知识的言语"，曝露她曾有五位丈夫，并且当下正与另一名男子同居。如此精准的一番话使她深信眼前与她说话的人是人们期盼已久的弥赛亚，因此急忙跑回城里去分享她的经历，最终引发撒马利亚人当中的小型复兴，印证耶稣所说的："庄稼已经熟了"。

这段经文并没有告诉我们她如何"失去"五位丈夫。守寡五次是不太可能发生的事，所以至少有一两次是因为离婚。她肯定触犯了摩西律法（撒马利亚人和犹太人一样，至今仍然遵循律法）。同居就是淫乱。为什么她没有和第六号男人结婚？可能她还没有与第五号男人离婚。无论如何，她的生活方式从过去到遇见耶稣时仍然是不合法的。

我们最想知道的是耶稣是否有针对她的感情生活给予辅导。若有，祂给予什么指示让她在公义的神面前悔改并做出正确的改变？令人倍感无奈的是，这段经文什么都没提！其中的可能性是如此多。祂可以指示她与任何一位丈夫破镜重圆，或与第六号男人结婚，或终身维持独身，或嫁给一位信耶稣的男人。又或者耶稣因为她传福音如此成功而特许她不必遵循祂对离婚和再婚所定的规则（这个可能性看似滑稽，但曾有人向本人如此提议）。

这段经文中没有告知任何理由的原因可能是因为约

翰的目的是要突显耶稣的性格和品格，而不是祂所给予使徒的生命之道。这个撒马利亚事件是个实例（再读第25-29节和第42节）。

约翰可能还有更进一步的理由使他对这女人的个人悔改经历如此轻描淡写。圣灵并不要我们有任何可以作为律法上的先例，以便我们可以应用在类似的情况中。人的本性就是宁愿按照汇编而成的方案来解决问题，也不愿努力学习如何运用智慧。基督就是我们的智慧（哥林多前书1章30节）。

让我们现在阅读另一段叙述，这其中包含耶稣对一位不道德的女人所给予的辅导。

约翰福音8章2-11节（读）

关于这件动人事件，首先要说的是它并不像约翰福音其他部分般，再获得实证后被编入这本福音书中。有一些圣经译本在脚注中提到，最早期的希腊手稿并没有包括这段经文。但是这个事件是如此符合耶稣的特征态度和行为，因此许多传道人认为它是真实发生的事，所以毫不犹豫地引用它。然而，他们当中只有少数人感激耶稣为那妇人所做的，原因是他们缺乏对犹太文化的认识。

大部分的人意识到法利赛人将这位有罪的妇人拉到耶稣面前其实不是为了处罚她，而是要对付耶稣。这是一个"陷阱"，想让耶稣无从选择，只能乖乖就范。摩西律法惩罚奸淫是通过石刑执行的死刑。如果耶稣就这个案例

第五章 耶稣所说的

做出反对（他们是否以为祂会这么做？），那么犹太人就可以趁机控告祂有违律法。如果祂支持死刑，那么罗马人可能会控告祂不遵守罗马法律，因为死刑是罗马政府的专属权力。不管怎么样，耶稣都会惹上真正的麻烦。

这里的焦点不在那妇人身上，而是在耶稣和祂的智慧上，而这智慧帮助祂能在不犯任何罪的情况下逃离预设的陷阱。祂证明自己是比对手更好的律师（这个功课符合这本福音书的目的）。祂大可以引用律法来处死这两个通奸的男女（申命记22章22节），但祂没有。在这个事件中，只有淫妇被捉，奸夫却没事，是一个男权主义的不良示范。

祂反而使用了犹太文化的合法惯例，也就是任何人若犯了与被告相同的罪，就不能成为控方证人。许多人以为"没有罪的"是指任何的罪。若是如此，只有道德完全的人才能执法。这也终结任何司法公正的执行！因为根本没有警察或父母能符合资格来履行他们的责任。这当然不是耶稣的意思，但是祂的话经常被错误引用，让人以为犯罪后不再需要任何惩罚。祂其实是在告诉那些控告者："如果你从未与人发生非法性行为，你就有资格审判和惩罚她！"显著的是，那些较年长的人即刻承认他们的罪，而年轻一辈的尝试厚着脸皮当作没这一回事，但是他们到最后也离开了。顺带一提，这项"犯了相同罪就无权审判他人"的原则已经刻在人的良心上了。

在人们离开的同时，耶稣弯着腰，用指头在脚边的地上画字。约翰并没有告诉我们耶稣这么做的理由或在地上写了什么。祂是不是单纯地要把尖锐的目光从头发蓬乱的妇人和她的控告者身上移开，给他们时间考虑自身的处境？还是这个动作提醒他们神曾亲自用手指把第七条诫命写在给予摩西的石板上（出埃及记31章18节）？更或者祂是在暗示祂有份参与，甚至动了手指写了十诫？纳入这个细节的原因很简单，无论耶稣的用意为何，祂就是做了这个动作。如此附带的细节更证明这个记录的准确性和真实性。

耶稣避开他人为祂设下的陷阱，也拯救那妇人脱离险境。祂先问她两个问题："那些人在哪里呢？没有人定你的罪吗？"，而她给了明显的答案。在这之后，耶稣告诉她自己的裁决和指示。

对于"我也不定你的罪"这句话有过多的解读。耶稣并不是说她已被饶恕，更不是说她已得救，尽管许多传道人乐见此结局。耶稣不过是说明一个基于犹太律法的简单事实：重大案件需要"两至三位证人"的第一手证词才能将人定罪，但是所有的人都离开了。虽然耶稣知道她是有罪的，但是祂并不是证人。所以简单的说，祂的话就等于"撤销控诉"。这里根本没有回应的必要。

耶稣宣告这妇人在理论上获得清白之后，随之而来的是一个尖锐、清楚、直接的命令："去吧，从此不要再犯罪了！"。这是个悔改的呼召，不是得救的呼吁。简单地说，就是："不要再犯了"。"犯"这一动词使用了希腊语文的现在进行时态,似乎提供一些暗示。这位妇人并不是一时或偶尔犯罪,而是培养了与不同人发生性行为的习惯或是持续和已婚男人发生婚外情。无论是什么情形,他们两人之中必有一人是已婚的才能构成奸淫的控诉。新国际版圣经(NIV)的翻译非常正确:"离开你犯罪的生命"。

这是一个清晰明确的命令。这是一个警告,要放弃这种不正确的关系,以免更坏的事临到。几个月后,若她违背耶稣的吩咐,继续不该有的关系,耶稣会怎么说呢?我们只能做出猜测了。

就如我们在其他福音书中所见,耶稣的教导非常清楚:在大部分或甚至所有的情况中,离婚后再婚是犯下(持续性的)奸淫罪的!耶稣所给予他人和这妇人的吩咐会有所不同吗?读者们可以自行做出结论。

第六章
保罗所说的

有些派系的人似乎认为离间耶稣和保罗之间的关系是一件极为流行的事，甚至不惜损坏后者对我们的信念和行为所带来的影响。有人甚至指控保罗将耶稣"简单"的福音复杂化，将其原本的实用性变为神学化，也为其中的活跃性质增添更多教义色彩。因此被保罗扭曲的"基督教"需要从他手中被夺回，并且恢复其原来的纯洁度。

这个指控同时质疑保罗的权柄和品格的正直。这似乎暗示他的见解不比耶稣来得重要（这是否就是一些信徒在朗读福音时保持站立，却在朗读保罗书信的选择坐下来的理由？）。有些学者迅速地指出保罗本身在哥林多前书7章10和12节中也区分耶稣（"其实不是我吩咐，乃是主吩咐"）和他自己所作的教导（"我对其余的人说（不是主说）"）。我们稍后会详细探讨这段经文。

然而，保罗不断为他的使徒性权柄进行辩护，而这权柄是来自复活和升天后的耶稣所亲自给予的呼召和使命。他也说"自己是被神的灵感动了"（哥林多前书7章40节）。所以他并不是将所给予的忠告和劝勉设定为较低层次的"意见"，而是在引用耶稣的话时，区分耶稣对这课题的教导和他本身所领受的新启示，而这两者的话都被认为是圣经的一部分，兼具圣灵启发和神的权柄（参照彼得后书3章16节），是需要信徒给予绝对的信任和顺服的。

所以保罗针对这课题所说的话，与前一章关于耶稣的教导一样，都得到同等的严肃对待。保罗虽然添加了新的见解，但是它们也是源自同一位真理的灵。所以这些新见解永远与耶稣的教导相辅相成，而非互相矛盾。若任何诠释或应用方面与耶稣的教导不符，就需要对它们提出质疑。

就离婚和再婚的课题而言，许多人认为保罗比较宽松、灵活和"自由"，而且比耶稣更具牧养方面的敏感度。这群人说耶稣只提出一个例外（淫乱），而保罗提出一个更巨大的例外情况（遗弃）。有些人甚至认为，保罗提到从婚姻中"解脱"后再婚的人并没有犯罪，这表示他已经解除所有这方面的限制，而且凡在信主前离婚并再婚的人应该"守住这身份"。这一些论点都是基于圣经其中一章（哥林多前书7章），而乍看之下似乎与主耶稣的严谨立场有些出入。我们应当细读保罗所有的书信以确保我们真的理解他。这里有三段经文值得我们注意：

罗马书 7 章 1-6 节

这段经文包含一则明确的声明："女人有了丈夫，丈夫还活着，就被律法约束"。"被约束"一词是值得注意

第六章 保罗所说的

的（希腊原文：dedetai）。这词选用了完成时态，也就是代表"一个过去发生却仍具效应的事件"，而且恰当的翻译应该为"已经被约束"，表示从婚礼之后就已经发生了。这里没有提及任何例外。婚姻是终身的，而这也是耶稣的立场（马可福音10章6-9节）。

这则声明应该会解答任何疑问。除非配偶过世，要不然婚姻之约是牢不可破的。然而，有些人辩称这不一定是这段经文的总结，理由是：尽管保罗做出了正面声明，但是除了死亡才能解除婚约这个理由以外，他并没有做出其他负面的推论。

换句话说，他并没有排除其他的可能性。我们称这种论点为"沉默中的争辩"，也就是把论点建立在没有说出来的事。这个方法是完全不可靠的。

更令人印象深刻的是，有人认为保罗在这段经文中并不直接涉及结婚或离婚，而不过是举个例子和比喻来支持"死亡使人从律法的限制中得到解放"这个广泛真理而已。所以，耶稣的死使人得到自由，而且我们也通过耶稣从"律法"中得到解放。但是我们必须指出保罗的比较是基于事实，而不是虚构的故事。他引用的经文是关于婚姻的"律法"，也就是唯有死亡才能终止婚姻，而这也是能应用在所有律法上的原则。

这就引发了一个问题：保罗引用那个"律法"？他所提到的"律法"是他的读者群非常熟悉的。无论希腊或罗马社会都没有任何法律强制一对夫妻终身相守。离婚和再婚在外邦人社会中极为普遍。这也肯定不是参照摩西律法，因为这律法允许和管制离婚。保罗所提的一定是神原本为婚姻所定下的"律法"，而这肯定也是保罗在门训时教导这群罗马读者的。

将这段经文纳入讨论似乎是适当的。尽管保罗在主要的论点中提到婚姻可能是个附带的举动，但是这也因此成为重要一点，表示婚姻是终身的看法已经被视为理所当然的。

哥林多前书 7 章 1-40 节（读）

这段经文包含保罗对这个课题所做出的大部分处理，因此我们需要小心翼翼地深入研究，希望能确定原信的作者和读者对这课题的理解，而这并不总是容易的。

我们必须从希腊文化和哲学开始。"希腊化的二元论"（Hellenistic Dualism），就如字面上的意思，区分开生命中属灵的层面和物理的层面，提升前者的地位，同时贬低后者的重要性。身体被视为灵魂的障碍，甚至是监狱。死亡使不朽的灵魂从必死的肉身中得到释放（这与基督徒思想是几乎相反的；哥林多前书 15 章 54 节）。

这在性行为方面导致两个极端对立的态度：认为身体并不会影响灵魂而随意滥交，或是因为身体会影响灵魂而采取禁欲主义。这两个极端都出现在哥林多。由于哥林多是个港口城市，因此卖淫活动猖獗不堪。或许有些人对此现象的反应就是提倡独身主义，甚至无性婚姻。

第六章 保罗所说的

尽管信徒们已经为这方面所犯的罪悔改,但是这两个极端立场所带来的压力,仍然诱使他们回到以前的生活方式。保罗在他的书信中(第6章)为这两个极端做出处理。保罗坚定地处理一宗乱伦事件后就提到娼妓的一般用处。这类的放纵和其他罪习一样,可能会危害信徒在即将来临的国度中将承受的未来基业。(顺带一提,"淫乱的"(pornoi)和"奸淫的"(moixoi)被分别列在两个截然不同的类别中)。这是因为人类的肉体和灵皆是由我们的创造主和救赎主合成的。基督徒其实可以把基督与娼妓连接起来(6章15节)!

因此不足为奇的是,有些哥林多信徒以过度拘谨的态度做出反应,对"不要碰女人倒好"的教导表示欢迎(直译7章1节)。许多人认为保罗这句话是在提倡独身主义,尽管他在这段经文他处确实有提及(新国际版圣经将"男不近女"翻译为"男人不结婚"),但是紧接这个经节的下文却有不同的提示。保罗正在回应来自哥林多的书信。针对他们在信中所提及的事项,他直接强调性行为在婚姻中的义务和必要性。因此,将7章1节视为一个入侵哥林多团契的极端性禁欲教导的例子比较合理。所以,"近"其实是"性"的委婉说法,而且这些信徒被告知一切的满足感,就算在婚姻中,都会抑制属灵方面的发展(这也是现代圣雄莫罕达斯·甘地 Mahatma Ghandi 所坚信和实践的)。其实,"倒好"(第1节)和第8节所提的独身主义一样,可以被理解为"有益处"而不是道德上的正确行为。在这个情况中，或许把"好"改成"比较好"是更好的选择。

或许他们知道保罗是单身，而且提倡独身主义，所以以为他会同意这个建议。知道保罗鼓励婚姻中有性行为肯定让他们大感意外。夫妻的身体属于彼此，特别是丈夫的身体属于妻子，这简直是一个革命性的想法。保罗对婚姻中禁欲设下了严格的限制，这个决定必须经过双方同意，是暂时的，并且是有属灵目的。单方面拒绝性生活会为撒旦制造机会破坏婚姻（保罗很少提到撒旦，这是其中一次）。性不但是婚姻的重要元素，也是相互义务，但是性行为只限于婚姻关系当中。注意保罗使用"自己的妻子"和"自己的丈夫"的句子。拒绝提供性方面的满足只会挑战配偶的自制，并且会鼓励他往别处寻找满足感。

保罗也说他的看法"原是准你们的，不是命你们的"，似乎是指他针对双方同意的暂时性禁欲所给予的建议，而这在基督徒婚姻中并非强制性的要求，而是完全出自个人的意愿。在保罗个人的情况中，他选择不婚和禁欲，也希望人人都能如此，但是他意识到，要在这两方面成功就需要"神的恩赐"。

保罗处理哥林多的提问后便讨论其他事项，包括了婚姻和离婚，但是如我们所见，他并没有提到离婚后再婚的事宜。处理这一连串的问题后，保罗将他的注意力放在特定的群体上。

第六章 保罗所说的

首先，他先向那些没有嫁娶的和寡妇说话，他们不是从未结过婚，就是配偶已经过世了。他建议他们保持原来的状态（他第二次说"像我"）。这是件"好"事，也就是比较好而非正确的意思。但是保罗是位现实主义者，意识到性欲的强度，也明白需要极大的自制力才能克制或胜过它。这就是他的著名忠告的用意："与其欲火攻心，倒不如嫁娶为妙"。

这并非寻找配偶唯一或主要的理由，但是却是现实的因素。婚姻是神为了解决这基本欲望而设立的管道。无法控制它就会为人类社会带来严重的破坏，而"哥林多"这名字也成为随之而来的道德混乱的代名词。保罗并不是如有些人所指责的，把婚姻视为"两害取其轻"的做法，而是将它视为解决问题的神圣方案。

其次，保罗向已经嫁娶的人说话。这对我们的课题而言是非常关键的部分。比较前段经文，这部分有明显的改变。他的语气从建议转为训诫，从辅导转为吩咐，从"你可以"转为"你必须"。此外，他也引用耶稣的话，把源自个人和他智慧的权柄转向主耶稣和祂的教导。保罗按照说话的顺序将教导分别应用在妻子和丈夫身上。简单来说，离婚是不可能的，它不是一个解决问题的选项，而且也没有任何例外因素可言。基督徒夫妇"不可以"分开。这是毫无疑问的。没有什么比这个总结更清楚了。

然而，各别向夫妻提出绝对禁止离婚之间穿插一句似乎表示有例外的话！这句话是对妻子而不是对丈夫说："若是离开了……"（离开是离婚的同义词）。很可惜，这是一句误导性的翻译，忽略了动词所使用的时态，也就是"完成"时态（描述一个过去发生却仍具效应的事件）。这句经文的正确翻译应该是："若早已离开了"。这可能是指在信主之前发生的事，而当时她还未听过有关这课题的基督教教导。

不论理由为何，她只有两个选择：维持单身或是与前夫和好。若后者不可能发生，（例如他已经再婚），那么她只能终身维持独身并禁欲。这个情况是严禁再婚的。福音书中并没有记录耶稣提到这个情况，但这是耶稣整体立场中所得的逻辑推论，所以保罗能够将其包含在这段经文中。

之后，保罗就向"其余的人"说话。这句话并不是指其余的读者，因为他已经写给所有的人，包括所有没有嫁娶的人、寡妇和已经嫁娶的人！所以他可能是指其他在信中提问的哥林多信徒。无疑的是，他在这段经文中处理已婚和未婚两个主要类别中的特定情况，所以：

第三，他处理信徒和非信徒之间的"混合"婚姻。当然，这本来就是不应该发生的事。基督徒和犹太人一样，不应该和神子民以外的人结婚（出埃及记34章16节；玛拉基书2章11-12节；哥林多前书7章39节；哥林多后书6章14节），但是有些人还是如此做。在一些个案中，非信徒在婚前宣称已经信主，但在婚后才发现事实并非如此。更有可能的是，保罗在思考夫妻其中一方在

第六章 保罗所说的

婚后信主,然后发现他们陷入"不要同负一轭"这个本不该发生的情况中。

保罗关心的是信徒是否会因此觉得内疚而想与不信的配偶分开。若不信的配偶愿意继续夫妻关系,信徒也必须继续维持神视为"神圣的婚姻"。在神眼中,这是个神圣而非世俗的关系,是信徒尽可能维持不变的。非信徒因信徒的缘故而"成了圣洁"。这不代表非信徒已得救或活出圣洁的生命。这反而表示他们不再处于"不圣洁"的类别,不再需要将他们分开以防信徒受到污染。按照逻辑而论,若信徒认为不信的配偶使他受到污染所以决定要离开她,他们所生的孩子也同样被玷污,同时需要被遗弃。总的来说,无论是为了属灵或其他原因,信徒都没有任何合理的依据诉诸离婚。

但是如果要结束婚姻关系的是非信徒呢?他们可能从未想与基督徒有如此亲密的关系,而且发现同床共枕之人原来是基督徒可能会使他们感到惊悸!他们可能觉得不好意思、羞愧,甚至因为与基督徒有关联而感到被冒犯。这个负面感觉可能转为敌视和仇恨。不论是在孩子面前与否,这必定会导致家中有分歧与纷争。

出乎意料之外,保罗的忠告是让他们离开,若对方要求离婚,那就离婚。他在前段经文中才刚刚提到婚姻是"圣洁"的,所以吩咐基督徒不要离婚,但现在却又建议他们离婚!这是为什么呢?

这是因为情况改变了。在前者情况中,非信徒愿意留下来；但后者情况中，他们并不愿意。人的意志在婚姻中是个根本因素（因此现代的誓约中有关键字眼："我愿意"）。未经同意的强迫式婚姻不是神的旨意。

智慧是灵活的，而且能适应各种情况（但从来不忘记固定的道德原则）。保罗的建议看似前后矛盾但其实是一致的。若不信的配偶愿意留下，保罗担心信徒会认为他的责任是离开。反之，若不信的配偶要离开，保罗担心信徒会认为他的责任是留下来。换句话说，他们会在能力范围内尽一切所能，不顾非信徒的意愿，一意孤行地在神面前维持婚姻的圣洁。其中一个例子就是不愿和配合离婚程序。保罗提供三个理由来解释为什么这类勉强的举动是不适当的。

第一，婚姻不是奴役。"无论是弟兄，是姐妹，遇着这样的事都**不必拘束**"（第15节）。这句经文遭到太多的曲解和误用，所以我们必须先了解保罗所没有说的。公元十五世纪，基督教人文主义者伊拉斯谟（Erasmus）在试图以更"人性"的方式来对待离婚人士时，从这段经文中找到另外一个"例外"情况，也就是遗弃。当时由路德（Luther）领导的新教改革家接受了他的论点，此后就成为福音派的传统之一，被称为"伊拉斯谟例外"（the Erasmian exception）。以圣经而言，这节只能应用在非信徒离开信徒的情况中，但是很多人扩大其应用范围并把离弃配偶的基督徒包括在内。然而，这是基于假设，认为保罗是指信徒**未来**的状态，"不必拘束"

第六章 保罗所说的

于维持独身，反而有寻找另一位更适宜的人然后再婚的自由。

可惜的是，英文的翻译通常忽略动词本身和其时态的用法。"不必拘束"的时态是过去式，不是现在或未来（其实是"完成"，再一次指过去发生却仍具效应的事件），因此应该被翻译为"不受到拘束"。保罗是指不受到第一次婚姻的拘束，但却不是讨论第二次婚姻的可能性。这个论点得到现代学者的认同（例如，见由戈登·费依（Gordon Fee）所著，Eerdmans 出版社所出版的《New International Commentary》系列书籍）。

此外，"拘束"的原文与经常描述婚姻的动词（deo）和名词（desmos）不太一样。它是 douleuo，是取自奴役制度（"奴隶"的希腊文是 doulos），而且从来没有使用在婚姻的描述上面。所以，"不必拘束"应该被翻译为"不受奴役"，也就是说婚姻并不是奴役。一位奴隶即使成为基督徒仍然是奴隶，并没有自动获得自由，因此保罗最终还是将阿尼西慕送回腓利门身边。但是婚姻不同，这是一个结合（bond）而非枷锁（bondage），而"结合"这单词的意思也是最接近"婚姻"的意思。

如此一来，这句话在上下文中的意思就比较清楚了。这是信徒不应该强求非信徒继续婚姻关系的第一理由。

第二，神呼召我们要和睦共处。神是"赐平安的神"，所以也希望我们和祂一样。当人的意愿彼此达成共识时就会产生和睦，没有任何事物比一个人将意愿强加在他人身上更快地破坏它。这一点再一次加强保罗的明智建议，就是让非信徒离开。

第三、强留不愿意留下的配偶不一定会导致他们得到救恩。保罗预料会有人反对他的建议："但是我是他接触基督教的唯一管道；如果我让他离开，他可能会永远失丧。"所以保罗问："你怎么知道他会靠你得救？"有人以为保罗期望得到正面的答案，使其成为继续维持婚姻关系的理由。但是上下文显示答案是否定的（"我不知道"），这就因此成为放手的理由。其实，与其强留他们，让他们离开反而还可能使他们对基督徒存有和善的态度。

针对这一点所给予的建议，保罗承认他不能引用耶稣的教导，因为就我们所知，祂从来没有提及关于混合婚姻方面的事宜。这就是为什么保罗开始时如此说："我对其余的人说（不是主说……"。但是这不表示读者可以把他的话打发为"他的意见而已"。保罗在总结这段关于婚姻的教导时并没有提到他的使徒性权柄，反而说："我也想自己是被神的灵感动了"，而神是"智慧的言语"的神圣来源。因为保罗蒙主的怜恤，所以他的"意见"是可靠的（第 25 节）。

讨论了混合婚姻方面的事宜后，保罗也提到除非是非信徒自愿离开，不然信徒就算面对困难或不融洽的情况也需要继续维持婚姻关系。这时，这个课题提示保罗继续讨论一个更普遍、更广泛的问题，那就是信徒，特

第六章 保罗所说的

别是初信徒，有"脚痒"的问题。在找到新信仰和新生命之后，信徒往往想要在更和睦，甚至更激发人的新环境中操练信心。对初信徒而言更是如此，他们以为他们在另一个环境中（例如神学院或宣教禾场）可以成为更好的基督徒。这个问题一开始就已经存在了。

我们已经注意到一句节制性质的话贯穿整章："留在你所在的地方"。保罗使用类似插入语（parenthesis）的方式再次强调这个忠告。神要我们留在领受呼召的环境中直到祂叫我们移动为止。

保罗通过犹太人文化中的割礼和外邦人文化中的奴役举例说明。他提到"废割礼"，意思当然不是指重新移植包皮（foreskin）！他其实使用了婉辞（euphemism），表示抛弃基于摩西律法的希伯来文化，但是这并不表示要永久接受一个人永远在某个生命中的"旅途站"并停滞不前。奴隶可能也应该通过合法途径获得自由，而自由的基督徒永远都不该把自己卖了成为奴隶。这也不表示基督徒应该继续从事不道德或不合法的行业（例如在妓院或赌场）。

总的来说，神呼召你的*情况*，通常也是祂呼召你去的*地方*。有人以为这句经文应该应用在已离婚并且再婚的初信徒，表示他们应该留在最后一位伴侣身边。然而，正如之前所指出的，保罗根本没有提到离婚之后再婚的问题，但是有人认为他在下一段经文中有提及。让我们现在来查阅这一段。

保罗下一组的对象是那些没有嫁娶的。他在本章中第三次（第 7,8,26 节）鼓励他们保持单身，视其为"好"事（并非对，而是有益处）。他在这段经文中第一次提到理由："现今的艰难"，但是他并没有详细做出描述，不论是关于现在所存在的事物（地区性、暂时性的，例如饥荒）或是关于末世将发生的事（普及的、最终将发生的；在神国和撒旦的国度之间的"现今"冲突，最终将以神的审判作为终结）。后者作为理由的可能性比较高。保罗清楚知道耶稣第一次降临所产生的危机将会持续到祂的再来。

保罗现在以两个反问题和答案的形式来重复"守住"单身的劝勉。第一个直截了当（已婚的人不应该寻求得到"脱离"），第二个已经被证明是具争议性的（没有妻子"缠着"的不要求结婚。"脱离"和"缠着"的英文单词同是"released"或"loosed"）。

通常一段文字中出现两个一样的单词就表示它们的意思相同。由于第一个劝勉中的"released"是"离婚"的意思，因此许多人就假设第二个劝勉中的"released"（希腊文 luo：释放）也是代表"离婚"。如果保罗没有即刻补充一项条件，问题就不存在了："你若娶妻，并不是犯罪"。乍看之下，保罗似乎不是允许就是赞同信徒离婚后再婚。然而，这就公然与他之前（第 11 节："若是离开了，不可再嫁，或是仍同丈夫和好"）和之后（第 39 节："丈夫活着的时候，妻子是被约束的。"）所说的自相

第六章　保罗所说的

矛盾。这也就等于否定主耶稣的教导。保罗之前的确承认耶稣从未"命令"信徒独身禁欲，因此并没有将其设为要求，反而是一项建议（第25节）；但是他总不至于在这个基本问题上反对耶稣的立场。

所以这个进退两难的问题有什么解答呢？唯一的可能性就是保罗以两个不同的方式使用"released"这个动词，这并不关乎结果（为了达成目的而"脱离"），而是关乎原因（为什么要"脱离"）。第一个"脱离"是指"离婚"，而第二个的意思则是"丧偶"。

保罗在下一段经文中先向从未结过婚的"童身的人"提出忠告，然后包括那些曾结婚但却已获得再婚自由的人。他给予这两组人的建议是一样的。正面而言，维持单身会比较好；相反的，结婚也没有错（他向这两组人重复后者之建议）。

他这时扩充推荐独身禁欲的理由。他之前已经提到"现今的艰难"，而随之的经文确定这段艰难时期是普及性和永久性的，而不是地区性和暂时性的。新的纪元已经开始，而这将会取代现今的。新世界即将替换现有的，而现有的世界来日无多。信徒应该为来临的世界做好完全准备而不是沉浸于现有的。对我们以外的世界或是处于世界中的人而言，"时候减少了"，而且永恒是更长久的。

每一位基督徒都需要这份提醒。我们太容易把过多的时间和注意力投入于当前的事物，以致对未来的事漠不关心进而忽略它们。我们太过投入于那些不过是短暂的事物，这也包括婚姻在内。

保罗通过夸张（hyperbole，为了达到效果而夸张）的演说辞令使他的警告变为更尖锐，就如耶稣使用的方法一样（马太福音5章29-30节，清楚表示我们需要对所看见和触摸的一切有着激烈的自制力而不是将手和眼睛从身体上切除）。

保罗鼓励已嫁娶的人要以单身的方式生活，而这从字面上来看，就会抵消他在第3至5节的忠告。他似乎禁止人们对生命中任何发生的事产生基本的伤心或快乐的情绪反应！当然，他也给予读者比较"实际"的忠告，那就是可以购买物品但却不要视它们为财产，因为它们将永远被留置在这个短暂的世界中。保罗最后的劝勉就是个总结：使用这个世界但是不要醉心其中（希腊文kataxraomai，意思是完全使用，被消耗）。我们千万不可让身体感官将我们困在不会永远存在的世界中，而这也包括婚姻，就如"至死不渝"（till death us do part）这句话是如何提醒我们的。把家庭或产业视为人生中最重要的事物是个根本错误，这会使我们无法为未来做足准备。为了现在而活（存在主义，existentialism）是一个破坏性的生活方式。

保罗向有资格结婚的人解释提倡独身禁欲的重要理由后，他还附加一个比较不重要的理由，但对已婚人士而言这却可以是一种真实的压力，那就是肩负照顾配偶

第六章　保罗所说的

和孩子的家庭责任而无法专心投入神国度的工作。单身人士可以专心讨神的喜悦，但是已婚人士还需要考虑如何满足他们的配偶，而这两者之间可能会有冲突。生命中会因为需要向不同的对象表达忠诚而变得更复杂，这是许多已婚的神的仆人可以见证的（而这或许能解释为什么他们当中的离婚率不断上升）。

在这之后，保罗向另一个特殊群体也就是那些已订婚待嫁娶的人提出忠告。他认为让他们完成结婚仪式并没有错，尤其当女方年纪越来越大，取消婚礼后再另觅对象的几率将会减低。然而，若男方在订婚后坚信他应该要维持单身并且能够完全控制自己的情欲，那么解除婚约是*正确*的做法。保罗再一次重申他的信念：婚姻是正确的选择，但是独身禁欲是更好的决定（这在沉迷性爱的现今社会而言是很少被宣讲或实行的）。

保罗在总结婚姻（和单身生活）的言论时重复最基本的前提：唯有一方配偶过世才能终止婚姻。若不然，婚姻之约（不是束缚）在神的眼中依然维持不变。然而，守寡的那方（不论是过去或现在，通常都是女方）就完全得到自由，可以再嫁。

不论第一任丈夫最终是否成为信徒，再婚的唯一限制就是新的配偶必须是信徒。对新伴侣或性要求的渴慕绝不能推翻这项条件。然而，保罗再一次重复他的意见，那就是守节更好，并且还说他认为这番话是受神的灵所感动的。

由始至终，保罗与耶稣一致，在禁止离婚和再婚的立场方面非常坚决。我们已经清楚指出，那些为离婚后再婚的人士找出"漏洞"的人（对某些人是第 15 节，对所有人是第 28 节）其实曲解了文本中的意思，尤其是其中一些重要动词的时态是指过去而非当时或未来发生的事，也就是指第一次而非第二次婚姻。

提摩太前书 3 章 1-13 节（读）

对监督和执事职分（在理想情况中就是"监事"或"仆人"）的一系列要求条件当中，有一句是关于婚姻的，那就是"只要做一个妇人的丈夫"。

这并不是因为神对教会的"服事人员"的标准要求比一般会众还高，而是他们担任的位置所肩负责任，就是要清楚地显明神所呼召我们所有人所给予的标准。他们必须符合这项条件才能被任命。

然而，"一个妇人"是什么意思？考虑这句话所排除的意思后就仅仅显示三个可能性。

第一、最明显的替代选项就是一夫多妻制，也就是在同时拥有至少两位妻子。我们已经了解神所设立的婚姻是一男一女之间的结合（创世记 2 章 24 节）。既然神的救赎就是要让祂的创造恢复原来的面貌，那么自不待言的，一夫一妻制对基督徒而言就是常态。

第二、它已经被理解为一生中不能有超过一次婚姻。基督徒领袖理应只能有一次婚姻，就算配偶离世也

第六章 保罗所说的

不应再娶。将其他接受丧偶后再婚的经文纳入考量后（罗马书7章2节；哥林多前书7章39节；提摩太前书5章14节），这句经文的限制性似乎过度强硬。然而，初期教会中"教父"似乎是如此理解这节经文，尽管这并不代表他们的理解正确。

第三、禁止离婚和再婚。尽管这在人的眼中是合法的，但是在神眼中，第一任妻子仍活着时再娶就是等于重婚或一夫多妻的行为。这对所牧养的会众而言也肯定是个不良示范。

把以上所提的与圣经新约经文进行对照后，第三个可能性最合理，也因此受到本人的青睐。

顺带一提，指出女性不可能成为"一个妇人的丈夫"似乎有点琐屑无聊。这句经文表示事奉的领袖之职，至少针对监督（或长老）而言，是仅限于男性的。第11节对女性的引用表示可允许女执事（执事的希腊文diakonos在罗马书16章1节中应用在菲比身上）。

要全面探讨教会中男女所扮演的角色和肩负的责任，请看由本人撰写，Terra Nova Publications出版的《男人当家》(Leadership is Male)。我就以这作为"保罗所说的"这一章的总结。

第七章
教会所说的

回归短章！这个节奏的改变有几个原因：其中一个是因为本书的作者是圣经教师，而非教会历史学家，所以不算拥有这个领域的发言资格。此外，他是位福音派基督徒，而非自由派基督徒、天主教徒或正统派信徒，因此圣经的权威对他而言是远远大于教会的。圣经是所有基督徒信念和行为操守的最终仲裁标准，它能推翻一切的教会传统。

所以本章只会简短描述不同教会圈子在过去几个世纪中对婚姻、离婚和再婚的态度方面的改变。

读者可能会对其中所浮现的不同意见感到讶异。这些意见导致现有的分歧，使得一些夫妻"到处逛街"，直到找到一间接纳并认同他们的教会！这转而使教会的管教成为一种胡说之词，进而鼓励人们忽略它的重要性。

教会怎么可以使用同一本圣经却有如此各样的原则和应用？这里有两个主因：

最明显的原因就是偏离圣经标准。越来越多的教会领袖认为这些标准是被颁布标准的"文化环境塑造而成的"，而且它们可以也必须被调整以符合现代的社会。他们真诚地相信教会若紧抓着过往的规范准则就会失去现今的可信性和未来的展望。在最坏的情况中，这样的看法是基于"神是灵活的，而唯一不变的是祂的爱"这一概念。在最好的情况中，这个方法试图提高福音在这现代社会中的关联性和接纳度。无论是哪个方法，唯一成功改变的只不过是福音本身。

更细微的原因就是将某个思维方式强硬地套在经文的解读上，而这种方法会预先决定结果。仅仅透过一个圣经词汇"约"（covenant）就能解释。"约"是神与人进行往来的独特方式。神一共设立了几个约？答案可以是一到七个！为什么？这就视乎基督徒是否认为不同部分的经文与他们有直接的关联。

自新教改革以来，许多"改革"教义已假设只有一个约，被称为的"恩典之约"，但是这句话从未在经文中出现。这表示基督徒仍需要遵守旧约和新约的要求，遵守的形式或许有变但意义不变（例如割礼成为水洗，而且仍然应用在婴孩上；安息日从原来的星期六改为星期天等等）。申命记24章仍然可以应用在离婚后的再婚情况。

在另一端，时代论（Dispensational）教义将历史规划为七个时代，而神在每个时代中有不同的道德要求。例如登山宝训和其中有关离婚的教导被分配到未来称之为"千禧年"的"国度"时代，而申命记则属于过去的"律法"时代。这两者均不属于"教会"时代。

在这两端的教义之间，有许多一般的圣经读者被圣

第七章 教会所说的

经前后两个部分的标题所误导（"testament"和"covenant"在英文中是同义词，在中文皆被翻译为"约"）。"旧"约有历史价值而"新"约有永恒的关联性。读者们研读前者，却视后者为生活公约。

本人相信圣经中有五个主要的约，是根据与神立约之人的名字而命名的：挪亚之约、亚伯拉罕之约、摩西之约、大卫之约和弥赛亚之约。这五位人物都出现在圣经的旧约和新约中。唯有一个是"旧约"（摩西之约），而另一个则是"新约"（弥赛亚之约）。然而，后者已经取代了前者，而非其他的约。本人在《捍卫基督锡安论》（Defending Christian Zionism，暂译）一书中利用整整一章来详细讨论这一课题（这本书是关于对犹太人和其土地所持有的态度，而当中假设神通过亚伯拉罕之约所给予的应许没有改变，更没有被取消；见加拉太书3章17-18节；希伯来书6章13-18节）。所以在这五个主要的约当中，有四个牵涉基督徒。

圣经中所记载的立约次数和与基督徒的直接关联对圣经注释和实践（统称为"释经学 hermeneutics"）有着深远的影响。现在，让我们把重点放在对教会历史的调查上，而这段时期可划分为几个不同的时代：初期教会时代、帝国时代、中世纪时代、改革时代和现代。

初期教会时代

当教会从其犹太发源地发展至希腊罗马世界时，它接触到的是一个离婚和再婚均是家常便饭的文化。不足为奇的，当时的"教会教父"（"Church Fathers"；最初几个世纪给予教会教师的称呼）针对这个课题给予大量的教导，这甚至超过主耶稣再来方面的教导。

教会教父当中似乎达成普遍的共识，它们可以概括如下：他们允许基督徒离婚，但理由仅限于持续性的通奸行为。然而，与犹太人不同的地方在于他们不赞成因这个理由而离婚后再婚。他们甚至不赞成信徒，特别是长老们，在丧偶后再婚。

支持这颇不寻常的立场的人物包括Hermes、殉道者圣犹斯定（Justin Martyr）、亚历山太的革利免（Clement of Alexandria）、俄利根（Origen Adamantius）、圣安波罗修（Ambrose）和耶柔米（Jerome）。当中有一、两位异见分子如Ambrosiaster（给予评论使徒保罗书信之作者的名字；原名不详）和雅典的雅典那哥拉（Athenagoras of Athens）。雅典那哥拉教导婚姻是永恒的（与现代摩门教的概念相似），因此完全无法解除。

总括而言，大部分的离婚情况和所有的再婚情况均被视为罪行，教会是根据情况给予纪律处分的。

帝国时代

公开宣称"信奉耶稣"的罗马君士坦丁大帝（Constantine）在位时期促使了激进的改变，让基督教在历史上称为法律所"成立"的宗教。教会和国家透过

第七章 教会所说的

不稳定的联盟而连结在一起，而许国欧洲国家在今天仍然延续这种合作模式。国家法律开始反映基督教标准，但是影响力并不是单向的。当教会与世界结盟时，世俗的影响力就进入教会，甚至影响了教会的领导架构，使其仿照帝国等级制度而非依据新约模式（例如，原本一间当地教会有多位"主教"（bishops），却改为一位区域性主教来监督多间教会，最后发展为一位主教（在罗马）成为全教会的"父亲"或"教宗"（拉丁文 papa，英文 pope），并赋予过去"凯撒"所持有的王位标志和头衔（例如"Pontifex Maximus"，意思是大祭司或最高祭司）。隐士归隐沙漠和修道士安居修道院就是要抗议这股趋势，而且独身禁欲（celibacy）开始与圣洁产生关联。

这股趋势因"圣"奥古斯丁信奉基督教而加速。他的生活方式原本放荡不羁，曾拥有情妇并与她生下私生子，之后成为北非城市希波（Hippo）的主教和教会中最具影响力的神学家，不论是好是坏。他将反身体（anti-physical）和反性行为（anti-sexual）的偏见注入基督教思想的主流，至今仍然存在。部分的原因可能是对他早期的生活方式所做出相对的反应，但更多是因为他接受了希腊哲学的教育，特别是柏拉图主义（Platonism）。甚至在婚姻中，他认为性是一种"贪婪"（欲望），因此使人对婚姻抱持着负面的态度，更遑论离婚和再婚了。

中世纪时代

这个时代的"祭司"被迫选择独身禁欲,因此至少在这方面成为真圣洁的楷模。

讽刺的是,婚姻已经被提升为七大"圣礼"(sacraments,或译为"圣事")之一,通常由神职人员对接收者(一般会众)执行。这是基于耶柔米在拉丁武加大译本(Latin Vulgate Version,或译拉丁通俗译本)中对文本所做出错误的翻译。以弗所书5章32节中的"奥秘"一词在希腊原文中是"*musterion*",但是却被翻译成拉丁文"*sacramentum*"。"Sacramentum"原本是指罗马士兵向帝王所做出的效忠宣誓,但是后来却代表教会所掌管之"恩典的管道"("means of grace";由神所赐的)。

婚姻如其他的圣礼一样(洗礼和病人傅油圣事或终傅圣事),是不可重复的。因此婚姻是"不能解除的",而且离婚是完全被禁止的,这个行为的下场就是逐出教会(罗马天主教会至今仍然执行这项惩处)。

人类的本性善于寻找法律的漏洞,而这个情况中的漏洞就是"婚姻无效"(annulment)这个概念,意思就是发现并宣布一段婚姻从一开始就未曾"正确"过,通常是因为存在着强迫性的举动或夫妻双方还未圆房。关于人类本性还有一点评语,那就是这个理由对教会基金做出重大贡献的人而言似乎是随时可用的选项。之后,由于教宗拒绝宣布英格兰国王亨利八世(King Henry VIII)的婚姻无效导致后者为了休妻再娶而推行英国的宗教改革。

第七章 教会所说的

宗教改革时代

尽管在这之前已经有人试图在英国（例如约翰·威克里夫；John Wycliffe）和古中欧国家波希米亚（例如扬·胡斯；Jan Hus）推行宗教改革，但是真正彻底改变北欧宗教面貌是在德国（通过马丁·路德；Martin Luther）。路德的"抗议"始于罗马教廷滥用"赎罪书或赎罪券"（indulgences）来兴建罗马的圣伯多禄大教堂，而购买赎罪券的人能减少在"炼狱"（purgatory；罗马教会另一发明）的时间。路德认为唯有《圣经》而非教会才是最后权威（"唯独圣经"；sola scriptura），所以整个抗议很快就包括其他经文的扭曲和滥用。举个例子，路德发现圣经中没有任何经文强制规定"祭司"需要独身禁欲，因此他娶了修女为妻并鼓励其他人效仿。然而，改变对待离婚和再婚的态度则是来自荷兰。

宗教改革与另一个运动"文艺复兴"（The Renaissance）正逢同一个时期发生。这个复兴运动重新发现希腊和罗马的"古典"文化。接续这个运动的是对人类理性的呼吁（启蒙时代或运动；Enlightenment），加上对人类本性和能力的乐观看法（人文主义；Humanism），而这也在后来成为基督教所面临的最大挑战，是前所未有的（例如围绕创造论和进化论的争论至今仍然激烈地进行着）。

有些人试图结合这些伟大的运动，而他们被称为"基督教人文主义者"，当中比较著名的是鹿特丹的伊拉斯谟

（Erasmus of Rotterdam）。他所出版的希腊文新约圣经后来在路德经历躲藏期时被翻译成德文。他的希腊版圣经显示出拉丁版圣经中的弱点，而后者是当时仅有的文本。伊拉斯谟与路德对罗马教会存有的愤怒不谋而合，但是改革是否应该发自内部的压力或来自外来的抗议，他与路德的看法却不一致。

伊拉斯谟对新教（Protestant）思想的显著贡献之一就是找到离婚和再婚的额外"例外"。罗马对待离婚人士的"不人道"态度让他觉得非常困扰，因此他详细考查圣经以期可以纾解民困，并看到保罗给予那些与怀敌意的非信徒结婚之信徒的忠告。他一直坚信"不必拘束"是指未来的事，就此可以让信徒获得再嫁娶的自由。这后来被称为"伊拉斯谟例外"（the Erasmian exception），并受大部分改革新教徒所采用。虽然保罗的忠告原本应用于非信徒的离开，但后来却包括任何伴侣，甚至信徒的"离弃"（desertion）。

这个"双重例外"的立场贯穿整个"清教徒"（Puritan）时期，并且被编入著名的威斯敏斯特信仰信条（Westminster Confession）当中，是许多福音派信徒至今仍持守的（读约翰·斯托特 John Stott 的著作）。与此同时，对这课题所持的意见的多样性变得更广泛。

现今时代

现在讨论的是二十世纪的观点发展，而且主要重点

第七章　教会所说的

是英国，也是本人所最熟悉的地方。这里所考虑的教会境况的特点就是英格兰教会（Church of England）和其他（非罗马天主教）教会宗派如"国教会"（established）和"自由教会"（free）等等之间的差异。这种模式也反映在其他的欧洲地区，尤其是北部属于基督教路德会（信义会）的斯堪的纳维亚和一些南部的天主教国家。

1、国教会（Established Churches）

英格兰国教会是国王亨利八世（Henry VIII）三番四次为了要离婚和再婚而与教宗决裂后继而成立的，因此教会在性道德方面面临屡屡不断的困扰或许是不可避免的。错误的根基迟早会使整个结构坍塌（有些人认为今时今日让女性和同性恋者成为主教就是坍塌的开始）。

亨利八世这位外行的神学家在早期撰文反驳路德的论点，因此得到教皇良十世赐封"信仰的守護者"（Defender of the Faith），这是英国国王至今仍然持有的头衔，这句话甚至还刻在英国硬币上面。

他先是反抗罗马教廷并与其决裂，进而"解散"（允公土地财产并拆毁建筑）英国国境中的罗马修道院。在这之后，他开始对欧陆的新教徒（Protestants）产生更多地同情心。在这之后的统治期间，根据不同接任君主的喜好，教会开始穿梭在罗马和坎特伯雷（Canterbury）之间，而双方均有发生血腥的逼迫行为。

伊丽莎白一世（Elizabeth I）所促成的"宗教和解"

（Settlement）导致一个天主教和新教灵性的独特融合（有人认为这是典型英式敷衍了事的做法或充其量是个不安定的休战）。这项和解导致英国的宗教成为"伞状"结构，被标榜为一个具包容性的"家庭"，其中包括那些倾向圣经的（"低派教会"low wing），理性的（"广派教会"broad wing）或保守、被视为首要权威的（"高派教会"high wing）。"高派教会"在十九世纪开始崛起，而二十世纪的领导权则在"广派教会"的手中，但"低派教会"在这世纪的后半段时却成为基层的显著影响力。若单单论及教义和道德标准，整个结构就呈马蹄形，比起"广派教会"，其中的"高派教会"和"低派教会"就像是马蹄的两个端部，更为接近彼此。

不可避免的，这种包容论引发了争议。国家法律被放宽后，就成立了许多关于婚姻、离婚和再婚的委员会。此举为教会带来一定的压力，因为她的领袖同时也兼任执政的君王，她的主教是由首相（根据建议）所任命的，而且教会中的礼仪必须经国会批准。面对外在的政治压力和内部的神学意见分歧，国家针对本书的课题进行了多番讨论后却仍然只有微少的信念，这是不足为奇的。

在理论上，尽管"教会法"（Canon law）允许离婚人士在教区教堂中举行再婚仪式，但是只有少数教区牧师会真正做到，而多数的牧师则寻求主教的批准或不予批准。大部分的牧师拒绝举办再婚仪式，但是愿意为新人在注册办事处（或其他持有牌照的处所）结婚后提供"公正结婚后的祷告和奉献"的仪式（俗称为"祝福"仪式）。这对许多非圣公会信徒而言是种妥协，甚至是虚伪的行为。倘若神可以赐福于一段婚姻，为什么祂不可以赐福于仪式？若神没有办法赐福于仪式，那祂又如何能赐福于这段婚姻？事实是，这不过是来自"教会的祝福"，让所有人能开心，同时让结婚夫妇和神职人员感觉问心无愧。

2、自由教会（Free Churches）

由于"自由教会"不受政治约束，并在某些情况中免受中央监控，因此总体上更愿意改变并"适应"社会发展。这些教会似乎也有自由接受启蒙运动存在于德国神学中的产物，其中的高等批评学（Higher Criticism）质疑圣经的超自然来源和内容（"低等批评 Lower Criticism"则着重通过比较尚存的手稿副本以找出最可靠正确的原始文本。）所以"自由主义"侵入了许多自由教会的讲台。

其中一个结果就是越来越多教会愿意让离婚人士再婚，原本一开始只局限于"无辜"的一方，但后来也包括"有罪"的那一方，理由是反其道而行将使离婚成为不可饶恕的罪，并且违背神的怜悯和饶恕。

越来越多教会举办"离婚复原"课程来帮助离婚人士抚平与丧亲之痛相等的创伤；然而，再婚的问题却有可变或模棱两可的答案。

所有在美国的教会都属于"自由"的，不论是在教会内或外，甚至包括那些宣称相信和按照《圣经》的福音派牧师和信徒，离了婚和再婚是屡见不鲜的事。

自治和本色化（indigenous）的非洲圣公会教会通常比较保守，对圣公宗内模棱两可的说词感到不耐烦。

以上这一切强调在基督肢体中所存在的信念和实践的多样性。本章对过去两千年历史的简化概述应该会让历史学家撕扯自己的头发以示愤怒，但是这已充分表明一点：依赖教会为万无一失的引导是具误导性的行为，尤其这似乎比较像是依赖这世代的灵而非跟从圣灵和由神启示的经文。

正这一背景下，我们需要制定向这一代人所应该说的话。

第八章
我们该说的

本章主要是为了传道人、教师、辅导员、家长和任何肩负承传基督教道德标准的人而撰写的。愚昧无知必须被摈除在他们的思想门外。

在考虑需要传达的信息之前，首先要思考的是传达信息的时间点。多数人不会提及这个问题直到它在个人和高度情绪化的情况中发生，但是许多人却认为这个问题已经过于棘手甚至来不及介入。

因此这个课题应该成为任何教学课程的定期部分，尤其是透过教会讲台或其他平台的教导。冒犯性最低的方法就是系统化地教导并解释对观福音（Synoptic Gospels），让这个课题能够不可避免的、自然的被提及。这个方式的唯一诱惑就是在教导一本福音书的同一时间内参照其他的福音书（例如，解读马可福音中的明确立场或强调马太福音中的例外因素）。

通常安排不同讲员进行课题性教导事工的教会所面对的任务更为艰巨，那就是确保这个课题被编入课程中并找到愿意教导的人。

此外，这也会引起多方猜测教导这个课题的理由（"为什么在这个时候教导？"和"这是特别针对什么人吗？"）。将这课题编入教导青少年的课程时间表中是至关重要的，因为这群人考虑步入婚姻的可能性最大。还有，这个课题也特别需要编入为个别或一群已订婚的情侣所设的婚姻预备课程中（为了"婚姻若不成功"而签署婚前协议来分配财产已经成为趋势）。今时今日，离婚和再婚已经被广泛接受为常态，基督徒青少年若没有在事前得到警惕，就很容易做出类似的决定。

以上这些所谓的一般指示就到此为止。现在有两个特定情况是需要紧急介入的。基督徒领袖可以逃避避免面对这种情况，但是警戒信徒是他们的呼召的一部分（提摩太后书4章2节；提多书2章15节）），甚至在公开的场合中也需要如此做（提摩太前书5章20节）。

第一个情况就是基督徒夫妇正在考虑离婚，理由不论是彼此已经不再相爱或是某方爱上第三者。他们需要了解人类的爱与上帝的爱之间的区别（分别是希腊文中的 eros 和 agape），违背在神面前所做出的婚约誓言的严重性，和最重要的，离婚的基督徒必须终身维持单身或是与前夫和好（哥林多前书7章11节），然而，本人的经历显示，对那些曾被教导任何情况都不损害救恩的人而言，这些辅导并没有多大的效果（见本人著作《一次得救，永远得救？》（Once Saved, Always Saved?，暂译），霍德和斯托顿出版社（Hodder and Stoughton）于1996年出版）。

第八章 我们该说的

第二个情况是最难以处理的：夫妻已经做出决定，并已离婚和再婚。教会不能及时介入的理由（或借口？）很多，几乎都声称要做或说什么都"为时已晚"。

理由之一是这一切均发生在夫妇成为基督徒之前。对一些人而言，这件事根本不重要，并且已经成为"完全被饶恕"的过去，所以这对教会领袖和会员申请标准而言是毫不相关的，因为"我们在基督里都是新造的人"。然而，我们已经指出信奉耶稣并不会改变我们"已婚"（或"已离婚"）的身份；因为神参与所有的婚姻，无论婚礼是否在花园（伊甸园）、公证办事处或教会中进行，或是否关于"基督徒；而且耶稣将狭窄的离婚和再婚标准应用在"任何人"身上。

时间因素通常成为减低严重性的从轻情节（mitigating circumstance）："这些全部发生在 10、20、30 或 40 年前。"这里做出的假设是：为过去行为所需负的责任会随时间逐渐减少。当最终审判日来临、神检视人的一生时，这将会震撼许多人。人的记忆可能已经变得模糊，然后良心变为黯淡，但是这两者可能在人经历死亡之时被恢复。然而，人类没有能力刷清天堂的记录，当生命册被翻开时就能证明这一点（启示录 20 章 12 节）。唯有上帝本身能将任何人或任何事从祂的记录中"涂抹"干净（出埃及记 32 章 33 节；启示录 3 章 5 节），对悔改之人（使徒行传 3 章 19 节）而言，这正是福音好消息的中心信息（耶利米书 31 章 34 节）。

或许纵然这种情况最心酸的论点是对无辜孩童的考量。换言之，在再婚情况中所生的孩子可能会因为父母之夫妻关系的合法性受到质疑而遭受极大的打击。有趣的是，提出这个困难之处的人似乎不太关心前段婚姻中出生却因父母离异而失去正常家庭并遭到遗弃的孩子。然而，这些人为了避免悲剧历史重演而表达的关心和忧虑是可以理解的。

尽管面对这些反对的声音，现在面对真实情况比在未来揭示所有的真相更好。现在感觉难堪比未来觉得羞愧更好。

广义而言，要辅导那些已经与新约标准背道而驰的人有两个方法：先例（precedent）和原则（principle）。前者比较拘泥于法律条文；后者实际上更有爱心。

先例（Precedent）

英国法律大部分是基于先例。控辩两方在陈述案情时通常引用先前的审讯以期可以取得相同的判决。每项判决都新增至巨大的档案库中以供未来考究。律师的训练包括背诵相关的例子。

这个方法可以在不知不觉中从法律的领域中转用到道德的领域中。其他人曾做过什么事，尤其是当他们"成功逃避责罚，也没有任何不良后果？""如果其他人做了，我也可以。"

每当本人为神职人员、教会领袖和牧师们举办研讨

第八章 我们该说的

会来讨论离婚和再婚的课题时，参加者所提出的问题中有大部分是描述个人情况，整段描述有时颇为冗长，然后以这个问题作为结束："在这个情况中，您会怎么处理？"。我早已意识到他们希望能得到一个可以引用的先例，无论是来自我或他人的智慧、经验或知识。这些人要的是一本历史案件汇编供他们为类似的情况找出处理的方法，然后应用在牧养会友时所面临的问题。复制他人的做法比找出自己的解决方案更容易！

这就是犹太人在米德拉西（Midrash）、塔木德（Talmud）和塔古姆译本（Targums）等等文献中所做的。他们甚至在耶稣时代时将安息日诫命扩大，并加入数十条详细的规定和精确的应用，但耶稣却称它们为"人的传统"。如果基督徒也如法炮制，这本书将是大规模而昂贵的汇编过程。

任何离婚案件都有许多可变的因素。哪一方先提出离婚，是丈夫还是妻子？他们两位都是信徒，或都不是，或其中一方是？婚姻破裂的真正理由是什么（通常不止一个）？谁是无辜的一方（问题可能不如所听到的简单）？提出离婚是因为无知还是不顺服神的话语？婚姻中有孩子吗？这是第一、第二或第三段婚姻？每一段婚姻维持多长？多久以前发生的？是否有其他人想夫妻施压，无论是分手或继续在一起？离婚后再婚的情况也可以提出以上类似的问题。

每个情况的复杂性导致一些辅导员采取"相对论"

（relativistic）的态度，根据案例的实况给予个别的处理，然后就整个情况提出他们认为是最好或"最不坏"的建议。如此灵活的处理方式通过约瑟夫·弗莱彻（Joseph Fletcher）的"情境伦理学"（Situational Ethics）得到神学上的支持，而是这个伦理观点是基于这个前提：在所有基督徒的行为中，"唯一绝对的是爱"。这个方法把难题减为一个问题：对每个人而言，什么解决方案是最具爱心的。当然，这取决于"爱"的定义！这个方法的危险性在于它把"爱"从圣经的水平降低为感情用事的层面。

事实上。圣经新约中并没有任何先例，即使是撒玛利亚妇人在井边遇见耶稣的记载中也没有。我们多么希望这记载中有更多的信息！我们可以推断神从来没有打算让我们通过祂的方法处理类似案件，若不然祂早已为我们纳入一些可供参考的例子。

另一个极端的处理方式就是认为每个情况是独一无二、与众不同的。因此，按情况所给予的辅导建议并没有遵循任何的"方程式"，就正如天底下没有一模一样的案例可引用。当中所需要的是智慧，但是智慧有两种：第一种是来自人类、通过长期经验所累积的智慧，通常在特定情况中给予最好的处理建议；第二种是来自上头（雅各书 3 章 17 节）、通过圣灵启示的"智慧的言语"（哥林多前书 12 章 8 节），通常在特定情况中专注于做正确的事。因此，它与道德原则有更直接的关系，而道德原则是需要应用在所有的情况中。要通过这种方式做出"明智"决定就是要知道如何应用这些原则,而不是如何避免它。用"聪明"形容后者比较恰当。

原则（Principle）

这里有四项"原则"可应用于已经离婚并再婚的人,分别是:罪、赦免、悔改、管教。前三项基本上是个人事宜,而第四项是关于教会整体的。

一、罪（Sin）

对自己所做的坏事主要称为"恶习"（vice）；对他人所做的坏事主要称为"恶行"（crime）；对神所做的坏事则主要称为"罪"（sin）。"罪"就是选择跟从自己的意愿而不愿意顺服神的旨意。"罪"就是违抗祂的道德标准而为自己定下标准。"罪"就是"亏欠"神的完全。若要接受圣经的定义,少数人会争辩圣经中的经文结论,如"没有义人,连一个也没有"（罗马书3章10节）和"因为世人都犯了罪"（（罗马书3章23节）。

意识这个结论对我们而言并不是件自然的事。我们擅长为自己找借口（自我辩解）并将责任归咎他人。我们同时需要圣经和圣灵触动我们的良知好让自己被说服（受责备）。这是神将律法给予以色列的理由之一:"是律法的公正向我们揭露人心的扭曲"（罗马书3章20节；圣经英译者腓力斯（J. B. Phillips）在 *Letters to Young Churches* 一书中所做出的翻译）。

罪就是违背祂的诫命，而"十诫"中的第七条严禁奸淫。一个简单的三段论（syllogism）如下：

奸淫是罪。

耶稣说离婚后再婚就是犯奸淫。

因此，这类的再婚就是罪。

但是我们生活的世代越来越不愿意把"罪"称为"罪"。"活在罪中"这句话已经不再是"政治正确"的说辞，而且现在已经改为"和伴侣同居"。为什么"罪"的杀伤力那么强？

原因之一，它提醒我们神的存在。"罪"是祂的言辞之一，而不是我们的。我们将人性弱点视为缺点或失误，但是神却视它们为冒犯神和祂的创造物的罪行。

原因之二，它提醒我们审判将会发生。我们总有一天必须为我们的罪向神交代，而因为祂是公义的，因此必须惩罚罪人。然而，这种想法已经不再被人接受了。除了最为极端、灭绝人性的罪案以外，"改过迁善"替代了"惩罚报应"。"开放式监狱"（就算有也是矛盾说辞）越来越像是提供住宿三餐的度假营。还有，至于永恒的地狱，就算是最坏的罪人也不该遭到如此惩罚。

因此，称任何事为"罪"是有杀伤力的，但是，直到这种行为被承认为罪，否则福音就不能被有效地应用或被接纳。只有坏消息之后的消息才是好消息（罗马书1至3章在其他章节之前）。唯有待第一项原则被理解才能提及第二项原则。

二、赦免（Forgiveness）

这是最奇妙的真理：神自己愿意饶恕并忘记我们所有的罪，并将它们从记录中涂抹清洁。东离西有多远，祂叫我们的过犯离我们也多远，而且祂还将它们投进深海里。圣经在描述其中的奇妙时已经将人类的词汇扩大至极限。

然而，人类却很容易忘记一点：若不是因为有其他人代替我们偿还罪的刑罚使我们因信称义，良善的神若这么做就会毫无道德可言。不但如此，祂还差了祂的独子为我们顶罪，受尽人类有史以来为罪行所设计的最极端刑罚：被钉在十字架上忍受挥之不去、极致羞辱和痛苦难耐的酷刑。神的每一个饶恕的行为都是用耶稣的宝血写下的。我们不需要付任何代价就能得到神的赦免，但是对神而言，祂所付的代价却是非常高的。

若说离婚或再婚是不得赦免的罪，此说法就过于强烈了，不过，的确有人曾指控基督徒如此看待它们。圣经中的确有一条"不得赦免"的罪，那就是说话冒犯生灵，把神的作为称为魔鬼的行为，把良善称为邪恶（或把邪恶称为良善？），直到无法辨别其中的差别（马太福音12章22-32节）。因此，有一点非常重要，那就是要让曾离婚和再婚的夫妇知道他们可以得到神完全和最终的赦免，使他们能够安心。这件事可以被当作从来没有发生过！

要应用这个原则似乎只有一点或者根本没有任何勉

强之意。辅导员似乎急于为那些良心不安之人提供如此安慰。这一切都是奉神的爱和耶稣的怜悯完成的，但是这两者不过是真理的一部分，而不是全部。当它们被过分强调，并削弱了其他真理的重要性时，就会产生两个常犯的错误：

赦免被隔离。一方面是与罪隔离，这是我们之前所讨论的。另一方面是与圣洁隔离，而圣洁是福音所提供的另一基本要素。赦免并不是终点，而是实现目的的方法。赦免使我们与神和好的同时也开启一扇门，让我们有机会（并非必然）越来越像神，如祂一般圣洁。用神学术语来解释，称义（justification）是为了使我们成圣（sanctification），转而使我们充满荣耀（glorification），而这也是救恩的最终目标。赦免不过是"得救"之路的开始，在过程结束之前还有许许多多的事物待我们发掘。

赦免成为无条件了。"无条件"一词在圣经中不曾出现，但是在过去几十年却成为描述神的爱的形容词，同时也透过暗示来描述神的赦免。这么一来，无论我们做什么都不配得到它（这是正确的），而且我们什么都不需做就能得到它（这是错的）。神是基于人类的回应而赦免其罪的，若不然，就不会有人会被"送"到地狱去（圣经所选用的动词是"丢"，是描述对废弃物的处理方法），而且地狱之火就成为不存在的威胁。

所以我们必须转向第三项原则，而在我们所面临的情况中，这项原则是最难应用的。

三、悔改（Repentance）

许多人以"免费恩典"（Free Grace）的名义教导悔改不再是救恩的基本要素，因此赦免罪孽也不再需要悔改。悔改在圣经新约中的显著性一定让这些人觉得棘手。施洗约翰和祂的表弟耶稣都呼吁人们"悔改和信"。使徒彼得在五旬节的第一篇讲道就呼吁听众"要悔改，奉耶稣基督的名受洗"。保罗告诉雅典人神"如今却吩咐各处的人都要悔改"（使徒行传 17 章 30 节）。

然而，"悔改"究竟意味着什么？"悔改"当然先从意念开始，也就是改变想法的意思（英文 repent 是由"re-"和"pent"组成的。"re"的意思是"重新"而"pent"有"pensive"的意思，也就是"沉思"）。从神的观点看待罪，和祂一样恨恶罪，都是看法上的根本性改变。这会使内心受圣灵责备，然后通过言语表达忧伤和懊悔。然而，悔改不仅仅是觉得过意不去或甚至说声抱歉。真正的悔改会有真实和真诚的行为改变，也就是生活方式的改变。施洗约翰的要求是要"结出果子来，与悔改的心相称"（路加福音 3 章 7-14 节）。保罗期望他所带领的初信徒能够以行动证明他们已经悔改（使徒行传 26 章 20 节）。但愿今天所有的传道人都会提出相同的要求！

正如信心没有行为是死的、无法拯救人一样（雅各书 2 章 14-26 节），悔改亦是如此；信心和悔改都是要做的事。悔改涉及改变人生的方向，做个 U 型转弯，转离罪恶，面向上帝。其中的行为将有积极和被动两面。

悔改的积极层面包括把所有应该纠正的事改正过来。我们称之为"赔偿"（restitution）。这个举动可以包括向所得罪的人道歉、偿还债务或向警察自首。这会为良心带来平安，甚至为内心带来喜乐。

悔改的被动层面则包括弃绝（renunciation）和转变（reformation）。这表示要抛弃所有如恶习和错误的关系等不好的事物。那些对这个举动抱着绝望态度的人会发现，若他们体会并真诚地共享神对罪的恨恶，祂必会将恨恶罪的能力赐给他们，同时"赐恩……叫他们悔改"（使徒行传11章18节）。一位学童为"悔改"做出的定义与其他的定义一样好："有足够的歉意以至于停止"。

圣经新约中对那些"得知真道以后"还明知故犯的人给予许多强烈警告（希伯来书10章20-31节是多处经文之一）。这些警告使用非常强烈的字眼。如此蓄意悖逆的行为没有任何相应的赎罪祭（这指的是利未记中的献祭，而赎罪祭只限于"误犯"之罪；利未记4章2、13、22、27节）。如此蓄意悖逆的行为就是"践踏"神的儿子，亵慢施恩的圣灵，对此的适当回应就是要惧怕"落在永生神的手里"和那会烧灭滥用神慷慨仁慈的人的"烈火"。

这就把关键的问题摆放在我们前面：那些已经离婚和再婚的人应该怎么做？任何一个罪行的简单解答就是停止继续犯罪并弃绝它。就拿十诫中的第八条来说："不可偷盗"，而之前的第七条禁止奸淫。圣经新约也赞成这项禁止："从前偷窃的，**不要再偷**"（以弗所书4章28

第八章 我们该说的

节)。这两节经文在任何福利社会成立之前就已经写在圣经里了，当时的贫穷人家面对的选择就是偷窃或挨饿，或者更甚的，就是偷窃或眼睁睁看着孩子挨饿。尽管会面对严厉制裁，许多父母还是选择去偷（事实上，在不久前，英国偷取面包的刑罚是绞刑）。信徒要祷告耶稣教导门徒的主祷文（"我们日用的饮食，今日赐给我们"）是比现在发展国家和其他地区的信徒还需要更多的信心。然而对于所有信徒而言，不论是富有是或贫穷，都不能偷窃。与其不断向他人伸手，倒不如用劳力赚取有余，然后培养与他人分享的生活方式（重复：以弗所书4章28节）。

然而，基督徒领袖却非常不愿意把这相同的逻辑应用在离婚和再婚的"奸淫"关系上。有趣的是，如果情况是信徒对配偶不忠，许多领袖会毫不犹豫用激进的方法去处理问题，要求他们立刻结束错误的关系并回到配偶身边。这好像是在表示，合法离婚之后再合法结婚完全改变了神衡量事情的标准，而所犯的奸淫罪已经属于不同的类型，是不需要被阻止的。

至少，这样的夫妇需要**绝对**肯定主已经准许他们继续"活在罪中"。曾有很多人向我宣称他们领受"特别启示"，让他们免于遵守主的教导。有些人甚至说主在他们离婚前吩咐他们抛弃妻子，然后与一位更合适的事工帮手人选结婚，但是我的回应只是："我不知道这是废话还是亵渎的话"。我已准备好相信制定规则的神在它们之上，而且随时可以改变他们，但是我很怀疑祂这么做的自由竟然与我们自己的意思和欲望是如此不谋而合！

每对接受辅导的夫妇都已经说服自己，认为他们在神眼中是个"例外"，不论是宣称得到经文或个人的启示，以至于例外已经成为惯例，而耶稣认为是少数的情况却成为大部分的情况。这里似乎是个恰当的机会来介绍可以应用的第四项原则。

四、管教（Discipline）

我们已经讨论教会在一般教导中应该说的，但是还有另一方面需要纳入考量，那就是特定情况的处理方式。

除了讲道和圣礼，"管教"也曾经被认为是一个真教会的重要标志之一。管教不但应用在加入教会和离开（被逐出）教会方面，也应用在这之间的许多层面上（例如警戒）。教会就是一个家，肩负管教"孩子"的责任，但要成功，就需要"父母"本身也受到管教。

今时今日，很少教会会选择管教他们的会友，尤其是在"西方"国家中。许多现代的教会甚至连受认同的会员制度都没有，更别称加入或被驱逐了。任何人都可以饮用主的圣餐，而且越来越多信徒不愿意委身于长老们的看顾。这一切都是个人主义的部分表现，而它视宗教为个人和私人的事情："谁有权利告诉我该怎么做？"

新约圣经为群体和个人生活均都提供了引导。拿哥林多发生的性行为不检为例子，这个公共丑闻反映在教

第八章 我们该说的

会和其所传讲的福音上。一名男子和他的母亲（可能只是继母）发生乱伦的关系。保罗原本可以采取行动，但是他让教会面对自己该负的责任，不单单是长老们处理问题，整个教会都参与了（这是避免领袖和会众之间发生摩擦的重要一点）。保罗吩咐他们在"聚会的时候"该做的事，也就是"要把这样的人交给撒旦，败坏他的肉体，使他的灵魂在主耶稣的日子可以得救"（所有管教的目的就是救赎灵魂）。这一切全记载在经文中（哥林多前书5章1-12节），包括其他一般的指示，如教会如何"审判"行淫乱、贪婪、拜偶像、辱骂、醉酒或勒索的信徒。其他的人甚至不应该和他们来往，尤其是一起共餐。保罗引用申命记中的经文（17章7节；19章9节；22章21、24节；24章7节）吩咐教会需要"除掉恶人"。这会大大减少一些教会的会友人数！这个哥林多事件还有后续发展（哥林多后书2章5-11节）。那位受"责罚"的会友已经醒悟并且悔改了。保罗告诉他们，尽管这位弟兄被"众人"驱逐（应该是通过会员会议投票决定的），他们全体教会需要赦免他并且欢迎他回到教会中。

今天有多少教会决定遵循这些步骤？我记得我曾到另一个国家讲道，在那里看到两间拥有上千名会友人数的教会。其中一间的主要牧师已经离婚两次，现在和第三人妻子在一起。另一间教会的牧师和长老正准备驱逐一位姐妹，因为她决意离婚并再婚，但是却没有任何经文的理据。你认为那一间教会引发最多闲言闲语，导致可能会使教会名誉扫地的公共丑闻？对，你说对了。这就是我们所生活的世界！

最理想的方法，就是当问题开始发生时，教会就已经参与了。那些婚姻处于困境的夫妇需要支持和辅导，可是这并不总是受欢迎的。当事情已经发展到考虑离婚和可能再婚的地步时，就算迫切需要长老和教会长辈的建议，却也往往没有发生。若是**先斩后奏**（fait accompli），教会还是有责任对此事发言，并且采取行动，但是教会往往避免这么做。在这个教会被私人化的世俗时代中，教会不但面对步其后尘的引诱，它的介入也会使会友感到反感。教会全体和个人对经文的委身和顺服正是在这个时候受到严格考验，而且我们必须承认，我们的成绩并不出色。或许这本书将帮助我们在未来"修改"立场。

我只在英国教会的宗派两端看到对离婚和再婚的管教，它们是普利茅斯弟兄会（Plymouth Brethren）和罗马天主教（后者在某些情况中允许废止婚姻而不是离婚）。圣公会宗派虽然拒绝为离婚人士举办婚礼仪式，但是愿意祝福再婚的婚姻。这种妥协对旁观者而言，不是高度的矛盾，就是表里不一，但是对神职人员和当事人而言，却能抚平良心的不安。

部分的问题在于许多教会缺乏一组男性的领袖。如果一个人尝试提高标准，众人就会把矛头指向他。但是，最根究底，问题在于缺乏说"不"的勇气，而这不但是

第八章 我们该说的

来自对人的惧怕而非对神的敬畏，同时也是一种不愿责备的态度。当教会挣扎求存，失去满心不悦的会友的可能性就成为威胁。

然而，教会降低信仰和行为的标准以保留人数不过是鼓励那些不受管教的信徒转而降低他们自己的标准。基督的方法则是恰恰相反，祂不但将人提升以满足祂至高至圣德标准，祂同时也呼召我们这么做。

作者脚注

本章是基于读者与我之间有共同信念的假设（"淫乱"（fornication）是指在结婚的时候披露或发现的婚前滥交行为）或因为本人的论点而开始认同这个的立场。在这种情况中，耶稣的例外在犹太人以外的圈子则显为比较罕见的。换句话说，这表示几乎所有的离婚和再婚的个案在神的眼中都是不正当的，而且我所提的忠告是完全适当的。

然而，我也意识到绝大多数的圣经评论家和翻译人员、传道人和教师都持相反的解读（"淫乱指婚后持续不断的奸淫"）。尽管我不能接受这一点，但是我仍然尊重他们的意见。可是，我却反对使用（或滥用？）这个解读，把例外转为条例，并且费尽心思坚持地确保这成为离婚的真正原因、理由和依据，而不仅仅是借口或将事情合理化的一种手段。如此一来，这就适用于一些离婚的情况，但是许多，甚至大部分的离婚情形还是属于不正当的，因此本章对他们而言还是适用的。

现在，让我完成本书的书名。再婚就是犯奸淫罪，除非配偶已经过世了。这个情况给予任何人绝对再婚的自由，同时蒙受神、教会和所有基督徒的祝福，但是唯一的条件就是对象必须是基督徒。这是本人针对这个课题所做的最后总结。下一章的"结语"不过是取自我个人经验的事件之一。谢谢你读完整本书。愿神赐福于你，并且为了祂名的缘故，帮助你拥有个人的信念。阿门。

结语

"鲍森先生,你是在指控我们两个活在罪中吗?"这番挑战性的话是出自一对中年夫妇的口。那时正逢夏天,是个闷热的傍晚,地点一间座无虚席的剧院,我在进行对话之前刚结束我的讲道。

那次是个不寻常的聚会,也是唯一一次有女孩子在我讲道时端着盘子在座位之间的走道上卖冰淇淋。我当时还斥责会众在女神伊西斯(Goddess Isis,古埃及的母性与生育之神)的脚下敬拜!在这之后,聚会点的外面其实发生一连串的爆炸,但由于我们没有收到任何通知,所以就继续进行聚会。事后我们才得知附近一间装满油漆罐和桶的仓库失火。我记得在那次聚会结束时,圣灵感动我做出特别的坛前呼召:让男士们到前面来领受医治。许多人回应了这个呼吁。

现在这对夫妇的指控仿佛把我从天空中狠狠地拉回地面上。根据我所记得的,那次的对话是如此继续的:我告诉他们我从未见过也不认识他们,因此没有任何立场来指控他们。但是他们却说:"但是你今天晚上说过,凡离婚后再婚的人就是犯奸淫罪,而我们两个都曾各自离过婚,后来才结婚成为夫妻。"我的确说过类似的话

（而且还出版过；现在你已经看到了），但是我完全不记得在那次的聚会有说过这样的话。后来我才想起，在我开始讲道前曾读了整篇路加福音16章，包括第18节，所以我澄清："那不是我说的，我不过是读出耶稣的话。"

然后我翻开圣经，请那位做丈夫的读给我听。我发现这是一个转移视线的有效方法，让人们不再把注意力放在我身上，或是我根据耶稣和他的教导所给予基督徒的意见。当这位弟兄读完之后，我问他比对耶稣的话语和他们所处的情况后有何看法，他不情愿地承认："那么，我想我们是活在罪中了。"说完后，他马上想找借口（这让我想起路加福音10章29节中的那个男人"要显明自己有理"；我们不也如此吗？）。第一个借口是："这一切是在我们成为基督徒之前发生的。"

令人惊讶的是，竟然真有人以为不知者是无罪的，但是我认为他比较像是认为（或许他曾听别人说过？）一个人的过去在信主的那瞬间就完全被赦免和忘记了。毫无疑问的，罪的惩罚已经被消除了，但是后果仍然存在——例如我们的婚姻状况。我试图解释这一切，但是他很快地转移话题："耶稣不是有允许例外的情况吗？"（难道他听说过？）

我承认："是的，他的确曾提出一个例外"。我再一次请他大声读出马太福音19章的经文。之后，他也很诚实地坦诚他们两个都不符合资格。他们之所以会离婚时因为他们爱上了对方，并且想要结为夫妇。

结语

那位弟兄问:"那我们现在该怎么办?"

我告诉他们,基督徒可以发现过去不断持续的行为实际上是使神担忧的。我也问他们,若他们意识到自己已经犯罪了,他们应该要怎么做?他们即刻回答:"请求神赦免我们的罪"。

我说:"是的,这是第二步,但还必须先完成第一步。"他们猜不到答案,所以我告诉他们:"悔改。"

他们问:"那是什么意思?"我解释这并不是仅仅是说或者觉得抱歉,而是纠正症结之处。我也问他们是否做好准备告诉主他们愿意听从神所吩咐的,把情况改正过来。

这位弟兄看起来焦虑不安,反问我:"但是,祂会让我们继续住在一起吗?"

我回答:"这是祂决定的,我没有决定权。"(我知道神会如何吩咐他们,但是我要他们亲耳听见祂的回答,而不是我的意见。这不是因为我不愿意说,而是我希望他们与主之间的关系能更坚固。)

过了好一会儿,他坦白承认:"我没准备好问神,你可以帮我们祷告吗?"

我说:"非常抱歉,我没办法代替你们问神。这是你必须亲自而且诚恳地求问神的。"

之后,他们就离开了。之后,我就再也没跟他们见过面或有任何的联系。然而,那次见面的一、两个星期后,我遇见一位弟兄,然后得知他是这对夫妇的牧师。

他一开口就说:"大卫,你不知道你到底对我的教会做了什么。"我承认,这句话让我起了防备之心。

他告诉我那对夫妇在那个星期六下午与我见面之后,事隔了一个星期才主动找他。那天是星期天的主日聚会,这对夫妇问牧师是否可以向会众分享一些事。牧师以为他们想为星期六的聚会所领受的祝福做见证,所以告诉他们可以在证道时间结束后分享。谁知道,他们所分享的事让牧师和会众措手不及。

那位丈夫说他们夫妇俩彻夜难眠,并把其中的理由告诉会众。原来他们为了在星期六聚会所听到的事,内心挣扎不已。到了清晨时分,他们一起跪在神的面前并告诉祂,他们现在愿意顺服祂的旨意并且会照祂的吩咐做。

但是那位丈夫说:"但是,我们真的很想神告诉我们可以继续一起生活,所以真的很难听到祂的声音。所以,请所有在基督里的弟兄姐妹帮我们一起寻求祂的意思。还有,祂所说的任何话,你们都可以放心告诉我们。"

这位牧师告诉我:"你绝对不会相信后来发生的事。会场中的人都开始放声哭泣,然后有人开口为错误的关系和其他的罪行承认他们的罪。许多人还大声祷告。那天的聚会一直进行下去,时间的流逝似乎不再是个问题。这是我们见过最接近复兴的事。"我问他是为了这一切怪我还是感谢我。他说这对他们而言是个崭新的体验,而他们也不知道要如何处理它,但是他们为这一切感谢神。

所以现在,亲爱的读者,确信你很想知道神对这夫妇有何吩咐，尤其是如果你也是面临相同的情况才读这本书。答案是：我不知道！我忘了问！我只是很单纯地感谢神我在他们的真诚悔改中发挥一定的作用。

现在回想起来，我还蛮高兴我从来都不知道神是怎么说的。如此一来，我就不需要保守秘密，因为这是很困难的一件事。我若是知道并告诉你后续的发展，那就是给你一个可以让你效仿的先例，导致你不再需要寻求主的面和祂对你所怀的旨意。

如果这本书没有在你心中引发任何问题，这会是我感到担心。因为这表示我可能替代主在你生命中的位置，犯了鼓励你拜偶像的罪。刚好，先知也称"拜偶像"为"奸淫"。

附录
耶稣是否有允许任何"例外"?

自从本书出版后,一位读者的反馈引起我对一位剑桥学者的注意。Leslie McFall 博士的研究著作 *The Biblical Teaching on Divorce and Remarriage* 共 91 页,可以从网上下载。我多希望在撰写此书前就得知有关著作。他与我有相同的结论(耶稣禁止离婚后再婚,祂甚至禁止离婚),但是他的论点方向不同。我的论点是基于 "fornication"(淫乱)一词,而他专注在 "except"(若不是)。

当然,没有人握有新约圣经希腊原文。现有的新约圣经是通过后来几千份的手抄本而重新编排而成的。McFall 博士指出在大部分手抄本的马太福音 19 章 9 节中并没有包含 "except"(若不是)一词,而是使用 "not over fornication"(不是因为淫乱)。他的论点概要如下:

"Not"(希腊文 *me*)是个否定词,通常表示排除某件事而不是指出一个例外。耶稣在这经文中反驳当时著名的犹太教师,拉比夏迈(Shammai)和拉比希勒(Hillel)。他们两人都允许奸淫成为离婚的理由(希勒还包括其他理由)。耶稣实际上是说:"就算是淫乱也不可离婚"，即便"淫乱"代表所有与性行为有关的罪，包括奸淫。

这就能解释为什么门徒在马太福音19章10节中会有惊讶的反应（"人和妻子既是这样，倒不如不娶"）。这肯定先是耶稣设立自己的标准，与祂同时代的人不同，而且更严谨。这也解释祂什么会说除非有理由或用意（第11-12节），要不然独身禁欲绝对是个困难的选项。

同时，这也符合祂对摩西律法的否定（第8节）和对神律法的肯定（第4-6节）。前者允许离婚（申命记24章1、3节），而后者将婚姻设为永久和终身的，同时没有任何例外可言（创世记2章24节）。

那么，"except"这单词怎么会出现在过去四百年出版的多数英文圣经版本的马太福音19章9节中？

"Not"的希腊文是"$m\underline{e}$"，但是如果将"if"（希腊文 ei 或 ean）放在"not"的前面（$ei\ m\underline{e}$ 或 $ean\ m\underline{e}$），就会改变其中的意思了。

这个添加动作虽然微小，但却产生极大的影响：把排除的意思改为一个例外。不仅如此，这项改变也被编入新约圣经的希腊版本。所有新教改革者和继任者都使用这个圣经版本。他们毫无疑问地接纳这项改变并且将其纳入他们所翻译的圣经版本中。

讽刺的是，一位荷兰罗马天主教神父伊拉斯谟（Erasmus）在1516年编撰并出版了这个文本，正好赶上了宗教改革运动，而且比罗马教会于1522年出版的官

附录 耶稣是否有允许任何"例外"?

方希腊版更早,算是捷足先登。身为人道主义者,伊拉斯谟非常同情那些无法再继续忍受婚姻的人,并且为他们在新约圣经中找到两个"漏洞"。

第一、伊拉斯谟把"若不是"添入马太福音19章9节中的举动,以性不忠为由,为而离婚和再婚敞开了大门,从而使耶稣认同当代拉比的立场。第二、与其将哥林多书7章15节的"不必拘束"应用在奴役捆绑和未来之事,伊拉斯谟反而将其应用在婚姻之约和过去之事,因此以遭到非基督徒配偶遗弃为由,为离婚和再婚打开另一扇门。一直到今天,这被称为"伊拉斯谟例外"。

这两个点不但偏离了1500年的教会教导和做法,同时让反对罗马教会的新教改革者有机可乘,并将它们体现在后来的信仰声明中,如威斯敏斯特信仰信条(Westminster Confession)。更重要的是,自丁道尔(Tyndale;1525)的圣经版本开始,它们就被编入多数的英文圣经中,把马太福音19章9节中的"not"改成"except",同时哥林多前书7章15节中的"were not enslaved"(不受奴役)改为"is not bound"(不受拘束)。McFall博士邀请读者对新国际版圣经(New International Version)和联合圣经公会(United Bible Societies)及希腊文新约(Nestle-Aland Novum Testamentum Graece)这两个圣经版本进行比对。新国际版圣经的翻译是基于这两个版本的圣经。任何行间的编辑将揭示在伊拉斯谟之后的传统如何凌驾原文之上。

McFall 博士也提供一则有趣的信息，那就是我们根本不知道希勒和夏迈这两位拉比是否与耶稣是同时代的人。塔木德（Talmud）中有记录关于他们的追溯性引用，但是这是在许多年后才被编译其中的。学者们假设耶稣认识他们是因为"什么缘故都可行"（for *any* cause）这一句话。夏迈把申命记 24 章 1 节中的"不合理的事"解释为"奸淫而已"，而希勒就用"什么缘故都可行"来反驳他。但是更有可能的是，耶稣持有自己的独立观点而不是选择支持拉比争议中的任何一方。

现在来提一提我对 McFall 博士的论点所持的看法。总之一句话，我并不信服。他指出大部分手抄本的马太福音 19 章 9 节中并没有包含"except"（若不是），而是使用"not over fornication"（不是因为淫乱）。我赞成这一点。然而，在我看来，把"not"（不）这个否定词理解为"if not"（如果不是）或"not even"（甚至不包括）还是个争议点。马太福音 5 章 32 节确实使用"若不是"（"except"；或者更确切地说，希腊文是"除了"）这个事实可能在 19 章 9 节中支持类似的意思，但是这也可能表示马太福音后面的文本选用这句话以符合前面的文本。但是，有一件事是我非常肯定的。将一个人对这重要问题的看法建立在一句意思模糊的经文上将是一个错误。换句话说，一句经文若有任何隐晦的地方，需要与其他课题相同、意思清楚的经文进行斟酌（在这种情况下，就是马可福音 10 章 11-12 节；路加福音 16 章 18 节）。

附录 耶稣是否有允许任何"例外"？

然而，我完全认同 McFall 博士另一个论点。他指向几处经文，教导我们若不饶恕人的过犯，天父也必不饶恕我们的过犯（马太福音 6 章 14-15 节；18 章 23-35 节）。这项原则肯定需要应用在夫妇彼此得罪对方的情况中，包括犯奸淫罪，但是我们需要添加一句关键的句子，那就是"他若懊悔"（路加福音 17 章 3 节）。在实际的层面上，分居在特殊情况中可能是唯一可行的办法（例如极度虐待或残酷对待），然而，诉诸离婚就是指责配偶犯了不能被饶恕的罪。圣经中唯一记载"不得赦免"的罪完全与性或婚姻无关（马太福音 12 章 32 节）。因此，与配偶离婚就是危及自己所得到的赦免。因为有神的恩典，所以没有所谓"不能继续"的婚姻。通往和解的悔改之门一定要时时敞开。离婚会关闭此门，再婚更是如此。尽管我和 McFall 博士通过不同的途径得出同样的结论，但是我们的看法一致：无论是信徒或非信徒，离婚和再婚都与神的旨意背道而驰。

www.ingramcontent.com/pod-product-compliance
Lightning Source LLC
Chambersburg PA
CBHW070054120526
44588CB00033B/1426